텅 빈 경건

텅 빈 경건

지은이 | 김병삼
초판 발행 | 2020년 11월 25일
2쇄 | 2020년 11월 26일
등록번호 | 제1988-000080호
등록된 곳 | 서울특별시 용산구 서빙고로65길 38 두란노빌딩
발행처 | 사단법인 두란노서원
영업부 | 2078-3352 FAX 080-749-3705
출판부 | 2078-3331
책 값은 뒤표지에 있습니다.
ISBN 978-89-531-3914-5 03230
편집부에서 독자의 의견을 기다립니다.
tpress@duranno.com   http://www.Duranno.com

두란노서원은 바울 사도가 3차 전도여행 때 에베소에서 성령 받은 제자들을 따로 세워 하나님의 말씀으로 양육하던 장소입니다. 사도행전 19장 8-20절의 정신에 따라 첫째 목회자를 돕는 사역과 평신도를 훈련시키는 사역, 둘째 세계선교(TIM)와 문서선교 (단행본잡지) 사역, 셋째 예수문화 및 경배와 찬양 사역, 그리고 가정·상담 사역 등을 감당하고 있습니다. 1980년 12월 22일에 창립된 두란노서원은 주님 오실 때까지 이 사역들을 계속할 것입니다.

김병삼 지음

텅

위선 가득한 ————————→ 그리스도인을
향한 경고

빈

경건

40th
두란노

아프니까 복음이다!

신앙생활을 하면 할수록 무서운 것이 있습니다. 내가
점점 위선 가득한 그리스도인이 되어가는 것은 아닌가
하는 염려입니다. 문득 마태복음 23장에 있는, 소위 '7화
(禍) 선언'이라 불리는 말씀을 묵상하며 그런 생각을 해
보았습니다. 위선과 참 경건의 차이는 무엇일까요?

예수님의 '7화(禍) 선언'을 신앙적으로 소화하는 것이
그리 쉽지 않습니다. 바리새인과 사두개인들 그리고 율
법 학자들에게 하시는 말씀이 우리에게도 비수처럼 다가
와 가슴에 아프게 꽂힙니다. 아무리 잘못이 있다고는 하
지만 "독사의 자식"이라니요, 아니 "회칠한 무덤 같은" 위
선자들이라니요. 그런데 말씀을 보면 볼수록 이런 생각
이 들더군요. "아프니까 복음이다!"

그 무서운 말씀을 통해 하나님의 마음을 봅니다. 아버지의 마음을 모르고 누군가를 향해 손가락질하는 위선자를 향한 질책이 아니라, 그러한 위선자들조차도 돌아오기를 바라시는 아버지의 마음 말입니다.

코로나19로 야기된 상황으로 모두 힘든 일을 겪었습니다. 코로나19는 특별히 한국 교회에 아픈 상처를 남겼습니다. 그동안 자랑했던 교회의 성장도, '그리스도의 계절을 앞당기자'는 선교 구호도 한순간에 무너져 내리는 순간이었습니다. 세상은 교회를 향해 '위선자'라고 손가락질을 했습니다.

한국 교회는 그 손가락질을 통해 '텅 빈 경건'을 보았습니다. 경건의 능력을 상실한 껍데기 신앙을 보았습니다. 그렇게 아픈 마음을 가지고 8주 동안 '7화(禍) 선언'을 묵상하며 말씀을 준비했습니다. 바리새인들을 향한 예수님의 아픈 지적이 그들을 참된 경건으로 돌아오게 하는 복음이었듯, 한국 교회를 향한 아픈 손가락질이 복음으로 들릴 수 있겠다는 마음이 들었습니다.

우리가 흔히 사용하는 말 가운데 '반면교사'(反面敎師)라는 사자성어가 있습니다. 이 말은 1960년대 중국 문화대혁명 때 마오쩌둥이 처음 사용한 것으로 전해집니다. 부정적인 것을 보고 긍정적으로 개선할 때 교훈이 될 수 있다는 의미입니다.

'7화(禍) 선언'이 우리에게 반면교사가 될 수 있을 것 같습니다. 교회를 향한 세상의 아픈 손가락질이 반면교사가 될 수 있을 것입니다. 복음은 아픈 것을 치유하는 능력이 있기 때문입니다. 아문 상처 위에 새살을 돋게 하는 능력이 있기 때문입니다.

참된 경건은

예수님의 사역을 보면 명확하게 두 가지 방향을 향하는 듯합니다. 하나는 하나님의 말씀을 모르는 자들을 향한 긍휼의 마음이고, 다른 하나는 말씀에 정통하나 하나님 아버지의 마음을 모르는 사람들에 대한 질책입니다.

당시 율법에 능통했던 바리새인과 제사장들은 자신들이 알고 있는 지식을 '경건'이라 생각했습니다. 그리고 자신들이 가지고 있는 지식을 기준으로 다른 사람들을 판단했습니다. 판단의 특징은 '편'을 가르는 것입니다. 기준점을 가지고 편을 가르면 아군과 적군이 생깁니다. 또한 자신들이 상대적 우위에 있다고 생각하는 순간 스스로를 만족스럽게 여기며 위안을 삼기도 합니다.

예수님을 적대시하던 바리새인들의 불만이 있었습니다. 예수님이 자신들의 율법적 기준에 서지 않는다는 것이었습니다. 그렇지만 그것은 당연한 일이었습니다. 예수님의 기준은 '지식'이 아닌 '하나님의 마음'이었으니 말입니다. 지식은 다른 사람 위에 군림하려고 하지만, 하나님의 마음은 다른 사람을 섬기려 합니다.

'7화(禍) 선언'은 예수님의 말씀을 듣고 따르려고 나아온 무리와 제자들을 향하여 이렇게 말씀을 시작하고 있습니다.

서기관들과 바리새인들이 모세의 자리에 앉았으니_ 마 23:2

이 부분을 유진 피터슨(Eugene Peterson)은 《메시지》 성
경에서 이렇게 풀어내고 있습니다.

> …종교 학자와 바리새인들은 하나님의 율법에 관해서라면
> 유능한 교사들이다. 모세에 관한 그들의 가르침을 따른다
> 면 너희는 잘못될 일이 없을 것이다. 그러나 그들을 따르
> 는 것은 조심하여라. 그들이 말은 잘하지만, 그 말대로 살
> 지는 않는다. 그들은 그것을 마음에 새겨 행동으로 옮기지
> 않는다. 모두 겉만 번지르르한 가식이다._ 마 23:2, 메시지

이들의 문제는 틀린 말을 하는 게 아니라, 말하는 대
로 살지 않는 것입니다. 이들의 문제는 경건의 내용을 모
르는 것이 아니라, 경건한 삶을 살지 않는 것입니다. '텅
빈 경건'입니다.

위선 가득한 신앙인을 향한 주님의 경고가 우리에게
복음으로 들리면 좋겠습니다. 아프지만 하나님의 마음

텅 빈 경건

을 아는 것이 '참된 경건'임을 알았으면 좋겠습니다. 바리새인처럼 지식을 자랑하던 한국 교회가 하나님의 마음을 아는 교회로 돌아서면 좋겠습니다.

코로나19가 한국 교회에 가져온 큰 복이 있습니다. 이렇게 힘들지 않았더라면 돌아보려고 노력하지 않았을 우리의 모습을 돌아보게 한 것입니다. 세상이 우리를 향해 '너희는 위선자야!'라고 손가락질하지 않았더라면 무감각하게 썩었을 상처에 아픈 '복음의 약'을 뿌릴 수 있었던 것입니다.

'텅 빈 경건'에서 '참된 경건'으로 돌아서기를 바라는 아버지의 마음이 전해지면 좋겠습니다.

2020년 11월

김병삼 목사

목차

1. 하나님의 마음을

모르는 자에게

1 이에 예수께서 무리와 제자들에게 말씀하여 이르시되 2 서기관들과 바리새인들이 모세의 자리에 앉았으니 3 그러므로 무엇이든지 그들이 말하는 바는 행하고 지키되 그들이 하는 행위는 본받지 말라 그들은 말만 하고 행하지 아니하며 4 또 무거운 짐을 묶어 사람의 어깨에 지우되 자기는 이것을 한 손가락으로도 움직이려 하지 아니하며 5 그들의 모든 행위를 사람에게 보이고자 하나니 곧 그 경문 띠를 넓게 하며 옷술을 길게 하고 6 잔치의 윗자리와 회당의 높은 자리와 7 시장에서 문안 받는 것과 사람에게 랍비라 칭함을 받는 것을 좋아하느니라 8 그러나 너희는 랍비라 칭함을 받지 말라 너희 선생은 하나요 너희는 다 형제니라 9 땅에 있는 자를 아버지라 하지 말라 너희의 아버지는 한 분이시니 곧 하늘에 계신 이시니라 10 또한 지도자라 칭함을 받지 말라 너희의 지도자는 한 분이시니 곧 그리스도시니라 11 너희 중에 큰 자는 너희를 섬기는 자가 되어야 하리라 12 누구든지 자기를 높이는 자는 낮아지고 누구든지 자기를 낮추는 자는 높아지리라

마태복음 23:1-12

목회하면서 참 쉽지 않은 경험을 할 때가 있습니다. '배척' 받는 것이죠.

어느 교단과 관계된 일입니다. 벌써 세 번째였던 것으로 기억합니다. 어렵게 집회 약속을 잡았는데 집회 날짜가 가까워지자 취소하는 것입니다. 지난여름에도 그랬습니다. 집회 출발 전 강사를 바꿨다는 연락을 받았습니다. 이유는 한 가지였습니다. 바로 제가 감리교단 목사였기 때문입니다. 아마도 누군가 자신의 교단과 다르니 강사로 세워서는 안 된다고 강력하게 반발했을 것입니다. 그 교단은 신앙의 정통성과 순수성을 지키고자 노력하는 것으로 알고 있습니다. 그런데 그 정통성과 순수성이 나와 같지 않으면 함께할 수 없다는 '배척'으로 나타난 것 같습니다. 저도 참 이상한 사람이라, 그런 일을 몇 번 당하고도 강사로 초청할 때마다 수락했습니다. 꼭 해야 할 이야기가 있겠다 싶어서 말입니다.

바로 예수님이 바리새인과 사두개인과 율법 학자
들에게 전하셨던 말씀입니다. 그들은 나쁜 사람들이
아니었습니다. 그들은 하나님의 말씀을 모르는 사람
이 아니었습니다. 아마 예수님이 그들에게 하고 싶으
셨던 말씀은 '편협함'이었을 것입니다. 우리가 믿는
하나님은 절대로 편협한 분이 아닙니다. 단지 우리가
복음을 편협하게 받아들이고 있을 뿐입니다. 너무 편
협해서 하나님의 마음을 가리는 사람을 향해 하셨던
예수님의 말씀을 나누고자 합니다.

하나님의 마음을 몰랐던 자들

　　성경을 가만히 묵상하다 보면 깨닫는 것이 있습
니다. 바로 예수님이 말씀하고 있는 '대상'을 주목해
야 한다는 것입니다. 어느 때는 '예수님을 따르는 자'
인 무리에게 말씀하시고, 어느 때는 무리를 떠나 '제
자들'에게 말씀하십니다.

이에 예수께서 무리와 제자들에게 말씀하여 이르시되

_ 마 23:1

이 말씀은 특별한 결단과 전적인 삶의 헌신으로 예수께 나아온 '제자들'에게만 해당하지 않습니다. 주님의 말씀을 들으러 나온 모든 '무리'에게도 적용됩니다. 말씀을 볼 때 또 주목할 것이 있는데, 바로 '접속사'입니다. 마태복음 23장 1절 말씀은 "이에"로 시작합니다. '이에'는 영어로 'then'(그래서)입니다. 그러니 이 말씀을 제대로 이해하려면 이전에 있던 사건과 그에 대한 예수님의 말씀이 무엇인지 알아야 합니다.

마태복음 22장을 보니 바리새인들, 사두개인들, 율법 학자들이 예수님의 말씀과 사역을 계속 묻고 있습니다. 세금 바치는 문제, 죽은 형 대신 아내를 취하는 유대의 풍습으로 인한 부활 문제, 또 율법 중 가장 큰 계명 문제를 묻습니다. 그런데 이들은 몰라서 묻는 것이 아닙니다.

이에 바리새인들이 가서 어떻게 하면 예수를 말의 올무에
걸리게 할까 상의하고_ 마 22:15

부활이 없다 하는 사두개인들이 그날 예수께 와서 물어 이
르되_ 마 22:23

예수께서 사두개인들로 대답할 수 없게 하셨다 함을 바리
새인들이 듣고 모였는데 그 중의 한 율법사가 예수를 시험
하여 묻되_ 마 22:34-35

예수님은 이들 질문에 담긴 속마음을 보고 훈계
하십니다. 아니, 훈계라기보다는 이러한 말과 생각이
얼마나 악한지를 "화 있을진저"라며 연속해서 지적하
십니다.

우리가 흔히 '반면교사'(反面教師)라는 말을 합니
다. 네이버 백과사전을 찾아보니 이렇게 나옵니다.

1960년대 중국 문화대혁명 때 마오쩌둥이 처음 사용한 것

텅 빈 경건

으로 전해진다. 마오쩌둥은 부정적인 것을 보고 긍정적으로 개선할 때, 그 부정적인 것을 '반면교사'라고 하였다. 이는 혁명에 위협은 되지만 사람들에게 교훈이 되는 집단이나 개인을 일컫는 말이었다.

비슷한 말로 '타산지석'이란 성어가 있다. '하찮은 남의 언행일지라도 자신을 수양하는 데에 도움이 된다'는 뜻으로, 《시경(詩經)》〈소아편(小雅篇)〉 학명(鶴鳴)에 나오는 '타산지석가이공옥(他山之石 可以攻玉 : 다른 산의 돌멩이라도 자신의 옥돌을 가는 데에 도움이 된다)'이란 구절에서 온 말이다.

반면교사와 타산지석은 표면적으로는 뜻이 비슷하지만 쓰임새에 차이가 있다. 타산지석은 작고 하찮은 대상이나 나와 관계가 없어 보이는 일이더라도 참고하여 자신의 인격을 수양하는 데 도움을 얻는다는 것이고, 반면교사는 다른 사람의 잘못된 일과 실패를 거울삼아 나의 가르침으로 삼는다는 뜻이다. 그러나 최근에는 모두 '부정적인 대상을 통해 교훈을 얻다'는 의미로 흔히 사용된다.

"화 있을진저"로 시작하는 말씀을 살펴보며, 바리

새인과 사두개인을 '반면교사'로 삼으려고 합니다. 예수님은 이들에게 진정 화가 임하라는 의미가 아니라, 안타까운 마음으로 말씀하셨습니다. 예수님은 바리새인처럼 살지 말고 돌아서길 바라셨습니다.

바리새인과 율법 학자들은 하나님의 '말씀'을 몰랐던 자들이 아니라 하나님의 '마음'을 몰랐던 자들입니다. 하나님의 마음을 모르는 지식은 내 마음대로 적용됩니다. 하나님의 마음을 모르는 율법은 무서운 정의의 잣대가 되어 하나님의 마음을 아프게 할 수 있습니다. 문제는 하나님의 마음을 모르니 자기 마음대로 말씀을 적용하며 살았다는 것입니다.

■ **사랑 없는 날선 정의는 악하다**

무리와 제자들에게 예수님이 처음으로 하신 말씀이 있습니다.

텅 빈 경건

서기관들과 바리새인들이 모세의 자리에 앉았으니

_ 마 23:2

서기관과 바리새인들이 모세의 자리에 앉아 있습
니다. 그런데 무엇이 문제인가요?《메시지》성경에서
이 부분을 이렇게 표현합니다.

···종교 학자와 바리새인들은 하나님의 율법에 관해서라면
유능한 교사들이다. 모세에 관한 그들의 가르침을 따른다
면 너희는 잘못될 일이 없을 것이다. 그러나 그들을 따르
는 것은 조심하여라. 그들이 말은 잘하지만, 그 말대로 살
지는 않는다. 그들은 그것을 마음에 새겨 행동으로 옮기지
않는다. 모두 겉만 번지르르한 가식이다._ 마 23:2, 메시지

종교 학자와 바리새인들의 문제는 말하는 대로
살지 않는 것입니다. 그들은 많은 지식을 알지만, 그
말씀을 자신이 아닌 다른 사람에게 적용하고 비판하
고 있습니다.

그러므로 무엇이든지 그들이 말하는 바는 행하고 지키되
그들이 하는 행위는 본받지 말라 그들은 말만 하고 행하지
아니하며 _마 23:3_

하나님이 가장 미워하시는 것이 있습니다.

말씀을 알고 있되 말씀대로 살지 않는 것입니다.
말씀을 알고 적용하되 다른 사람에게만 잣대를 대고
자신에게는 적용하지 않는 것입니다. '내로남불'이라
는 말이 무엇인가요? 내가 하면 로맨스, 남이 하면 불
륜이라는 뜻이지요. 바리새인들은 다른 사람을 행위
로 판단하지만 자신에 대해서는 늘 이유와 변명이 넘
쳤습니다. 오늘날 하나님이 우리에게 정말 하고 싶으
신 말씀이 '그렇게 살지 말라'입니다. 이 말씀의 의미
가 우리가 말한 그대로 완전하게 살라는 뜻은 아닐
것입니다. 예수님이 산상수훈에서 말씀하셨던 율법
의 정의가 있습니다.

그러므로 무엇이든지 남에게 대접을 받고자 하는 대로 너

텅 빈 경건

희도 남을 대접하라 이것이 율법이요 선지자니라_ 마 7:12

우리는 다른 이들에게 선하고 좋은 대우를 받기 원합니다. 그런데 우리는 그런 대우를 받을 만한 자격이 없습니다. 자격 없는 우리가 그런 대우를 받고 싶다면 자격 없는 또 다른 누군가를 너그럽게 용서하는 사람이 되어야 하지 않겠습니까? 그런데 바리새인들은 너그럽게 용서하기보다 누군가의 잘못을 지적하고, 죄를 징벌하는 것이 마땅하다 여겼습니다.

외식하는 자여 먼저 네 눈 속에서 들보를 빼어라 그 후에야 밝히 보고 형제의 눈 속에서 티를 빼리라_ 마 7:5

하나님은 우리에게 완전하고 거룩하라고 명령하십니다. 그러나 동시에 우리가 완전하거나 거룩할 수 없는 존재임을 알고 계십니다. 그래서 성경은 끊임없이 '용서'를 말합니다. '거룩'은 '완전'을 의미하는 것이 아니라, 완전으로 가는 과정 중에 우리가 행하는 용서와 우리가 경험하는 은혜를 말하는 것이 아닐까요?

> 여호와께서 말씀하시되 오라 우리가 서로 변론하자 너희
> 의 죄가 주홍 같을지라도 눈과 같이 희어질 것이요 진홍
> 같이 붉을지라도 양털 같이 희게 되리라_ 사 1:18

하나님이 죄를 가지고 나오라 하십니다. 우리 죄
를 용서하겠다고 하십니다. 그것이 우리가 믿는 복음
의 본질입니다. 그런데 바리새인과 사두개인들은 죄
뿐만 아니라 죄인도 미워했습니다. 이들에게 정의는
시퍼렇게 살아 있으되 사랑은 없었습니다. 누군가를
아프게 하고 정죄했습니다. 복음은 정의를 무시하는
것이 아니라, 정의 위에 하나님의 사랑이 있음을 믿
으며 사는 것입니다. 이것이 복음의 본질입니다.
　다음은 김형석 교수가 기고한 내용입니다.

> 성경을 읽어 보면 포도밭 주인이 아침 9시, 낮 12시, 저녁
> 5시에 와서 일해 준 품꾼들에게 다 같은 품삯을 주었다는

비유가 있다. 영국의 존 러스킨(1819-1900)은 그 글을 읽고 산업혁명 이후 경제적 갈등과 모순을 해결하는 길은 정의로운 노사 관계보다 사랑이 있는 질서가 더 중하다는 저서 《이 마지막 사람에게도》를 남겼다.

《조선일보》 "正義를 완성하는 것은 사랑, 바로 人間愛다", 2019년 4월 6일)

정의는 절대로 정의롭지 않습니다. 정의를 주장하면 누군가에게는 아픔을 주게 됩니다. 사랑 없는 정의는 무섭습니다. 사랑 없는 정의는 상대방에게 요구하는 것이 많습니다.

또 무거운 짐을 묶어 사람의 어깨에 지우되 자기는 이것을 한 손가락으로도 움직이려 하지 아니하며_ 마 23:4

하나님은 우리가 이 땅에서 하나님의 사람으로 살아가도록 가르치기 위해 율법을 주셨습니다. 그런데 그 율법이 무거운 짐이 되었습니다. 율법을 주신 하나님의 마음은 다 사라지고, 율법을 지켜야 하는 무거운 규칙만 남았습니다. 사랑이 사라진 율법에는 특징이 있습니다. 더욱 세분화한 율법을 계속 만드는 것입니다. 그렇게라도 하지 않으면 사라져 버린 마음을 들킬까 봐 두려운 것입니다. 마치 '기념일'을 정해 지키는 것처럼 말입니다.

우리나라에 기념일이 40개라고 합니다(〈각종 기념일 등에 관한 규정〉 제2조 1항). 어린이를 홀대하니 '어린이날'을 만들고, 부모님 생각이 없어지니 '어버이날'을 만듭니다. 스승이 사라지니 '스승의 날'을 만들고, 노동자들이 착취당해 '근로자의 날'을 만듭니다. 성년의 날, 부부의 날, 환경의 날 등 기억해 지켜야 하는 '날'들이 끝없지 않나요? 많은 규칙과 기념일은 이 세상이 점점 살기 어려워짐을 보여 주는 게 아닐까요?

당시 바리새인과 사두개인들, 그리고 율법 학자들이 그랬습니다. 하나의 율법에 수많은 세칙을 만들었습니다. 이들은 율법의 생활 규범을 613개 조항으로 세분화하여 생활 전반에 적용하도록 강요했습니다.

4절은 "무거운 짐을 묶어"라고 표현하고 있습니

텅 빈 경건

다. 그 많은 세칙은 사람들이 운반하기 어려울 정도로 무거운 나무 단이나 곡식 단처럼 성가시고 귀찮고 감당하기 어려웠습니다. 예수님이 핵심 메시지를 말씀하십니다. 법을 만들고 지키는 것이 중요한 게 아닙니다. 그 법을 주신 하나님의 마음이 우리에게 있을 때 그 자유함으로 하나님의 사랑을 알게 됩니다.

하나님 마음이 있는 자리에 가라

제가 성지순례 중 예루살렘 호텔에서 '안식일'의 진수를 맛보았습니다.

안식일 아침, 호텔에서 식사하려고 승강기를 탔다가 많이 힘들었습니다. 승강기가 매층마다 멈춰 섰기 때문입니다. 안식일에 버튼 누르는 것이 '일'이기 때문에, 무조건 자동으로 열렸다 닫혔다를 반복하게 해 놓은 것이죠. 심지어는 이 일을 하지 않으려고 팔레스타인 사람을 고용해서 버튼 누르는 일을 시키기도 했습니다. 안식일이 해제된 오후 6시가 되어서야 승강기가 정상으로 작동하기 시작했습니다.

또 제가 식사를 마치고 방으로 들어서는데 깜짝 놀랐습니다. 음악 팀이 어두운 제 방에서 연주하고 있었기 때문입니다. 그날이 제 생일이라 축하해 주려 한 것입니다. 제가 왜 어두운 방에서 하느냐고 물으니 호텔 측에서 허락하지 않았다고 합니다. 안식일에 사람 있는 곳에서 연주하는 것은 '일'이기 때문이랍니다. 다만 사람이 보지 않는 곳에서는 무방하다기에 불을 끄고 연주한 것이었습니다.

또한 안식일이면 예루살렘 시내 도로가 참 한산합니다. 그런데 안식일이 해제되는 오후 5시가 되면 차들이 경적을 울리면서 쏟아져 나옵니다. 안식일이 해제되어 너무 기쁜 것입니다. 그런데 가만히 생각해 보면 하나님이 허락하신 안식일을 오히려 기뻐해야 하는 것이 아닙니까?

바리새인들의 잘못은 이렇게 율법의 짐을 무겁게 만들어서 사람들을 노예로 만든 것입니다. 그리고 정

텅 빈 경건

작 그들은 '자신의 의'에 도취되어 버렸습니다. 결정적으로 이들이 예수님께 진노의 대상이 된 것은 하나님의 마음을 잃어버렸기 때문입니다. 이들은 하나님의 사랑을 무거운 짐으로 만들어 사람들의 어깨에 지웠습니다. 그리고 자신은 이 무거운 짐 진 사람들을 도와주기 위해 손가락 하나도 움직이려 하지 않았습니다.

만일 바리새인들에게 사랑하는 마음이 있었다면 어떻게 해서라도 사람들이 힘겨운 규칙에 시달리지 않도록 노력하지 않았을까요? 그들은 모든 행위를 하나님이 아닌 사람에게 보이려 한 것입니다.

그들의 모든 행위를 사람에게 보이고자 하나니 곧 그 경문 띠를 넓게 하며 옷술을 길게 하고 _ 마 23:5

신앙생활에서 가장 역겨운 것이 무엇인가요? 어느 순간부터 '하나님을 믿는 믿음'이 아닌 '사람의 관심'에 신경쓰는 것입니다. 이런 예는 우리 주변에서 허다하게 발견됩니다. 기도할 때 하나님을 향하지 않고 사람에게 자랑하며, 어떤 모습으로 보이는지에 더 민감합니다. 그래서 유진 피터슨은 《메시지》 성경에서 이렇게 표현했습니다.

> 그들의 삶은 끝없는 패션쇼다. 오늘은 수놓은 기도 솔을 두르고, 내일은 현란한 기도를 올린다. _마 23:5, 메시지

오늘날 표현으로 말하면 '관종'입니다. '관종'의 특징은 외적으로 드러나는 모양, 사회적 지위, 그리고 사람들의 평판이 진실보다 더 중요하다고 생각하는 것입니다. 하나님 말씀의 진리가 우리 가운데 살아 있는 것보다 이 말씀을 지키고 사는 모습을 보이는 게 더 중요해진 것입니다. 사람의 관심을 더 중요하게 생각하는 이들의 특징을 살펴보겠습니다.

> 잔치의 윗자리와 회당의 높은 자리와 시장에서 문안 받는 것과 사람에게 랍비라 칭함을 받는 것을 좋아하느니라 _마 23:6-7

텅 빈 경건

예수님이 누구를 '대상'으로 말씀하시는지 주의 깊게 보십시오. 이 말씀은 '제자들'뿐 아니라, 모든 '무리'를 향하고 있습니다. 일반 사람은 잔치에서 윗자리에 앉는 것과 같은 명예를, 제자들과 목회자들은 회당에서 가장 높은 곳에 오르려는 명예 등을 조심하라는 말씀입니다. 앉아야 할 자리가 아닌데도 그 자리를 탐하는 것은 욕심이요 잘못임을 말씀하십니다.

저는 종종 '예의'와 '욕심' 사이에서 미묘한 갈등을 경험합니다. 관례에 따라 높은 자리에 있을 때도 있습니다. 그때 높은 자리에 있는 것이 욕심인지, 늘 낮은 자리에 있는 것이 맞는지 살펴봐야 합니다. 오히려 겸손을 주장하며 높은 자리를 사양하는 것이 다른 사람을 불편하게 하거나 예의에 벗어나는 것은 아닌지 보아야 합니다. 아주 미묘하고 쉽지 않은 문제인데 말씀을 묵상하다 그 답을 찾았습니다.

'높은 자리에 앉는 것'이 문제가 아니라, 그 자리에 가는 것을 '좋아하는 것'이 문제입니다.

어쩔 수 없이 하나님이 앉히시는 자리와 자신이 '너무나 좋아해서' 가려고 하는 자리 사이의 긴장 관계가 아닐까요? 대부분의 사람이 이 문제에서 자유롭지 못합니다.

제가 처음 목회를 시작하면서 종종 그런 생각을 했습니다. "나는 어떤 교회에서 목회하지?", "어디에서 나를 불러 줄까?" 그런 기대감이 저도 있었습니다. 그런데 요즘 만나교회에서 목회하면서 깨달은 것이 있습니다. 이 말씀을 묵상하면서 저는 '하나님이 앉히시는 자리'와 제가 '가려고 하는 자리'가 만나교회 목회를 통해 점점 맞아지고 같아졌다는 것을 깨달았습니다. 제가 또 다른 목회의 자리를 찾아 갈 이유가 없으니 참으로 행복합니다. 더 나은, 더 높은, 더 좋은 곳을 찾아가야 하는 이유가 없어서 저는 행복합니다. 하나님이 나를 이곳에 부르셨고, 이 자리가 복된 자리구나 싶어서 행복합니다.

인간의 본성은 '더 나은 자리'를 선호합니다. 더 좋은 자리로 옮겨가는 사람을 보면서 부러워합니다.

텅 빈 경건

좋은 자리, 높은 자리가 악이 아닙니다. 하지만 사명을 떠나 '자리'를 탐하는 자에게 '화'가 있으리라고 말씀하십니다. 하나님 앞에 나온 사람들이 기억해야 할 것이 있습니다. 적어도 하나님이 높이시지 않는 그 자리를 탐하지 말아야 합니다. 그것이 신앙인으로 살아가는 중요한 길입니다. 높은 자리에 앉는 것을 즐겨 하지 말고 있어야 할 사명의 자리, 하나님의 마음이 있는 자리를 묵상해야 합니다. 우리는 하나님이 높이시면 높아지고 하나님이 낮추시면 낮아집니다.

복음은 그리스도 안에서 한 형제로 살아가는 것이다

이제 예수님은 바리새인들에게서 제자들에게로 관심을 옮겨 말씀하고 있습니다.

그러나 너희는 랍비라 청함을 받지 말라 너희 선생은 하나요 너희는 다 형제니라_ 마 23:8

8절이 "그러나 너희는"으로 시작합니다. 7절까지 서기관과 바리새인들에 대한 비판을 일단락 짓고, 이제 말씀을 듣는 청중에게 관심을 돌립니다. 이것이 말씀을 듣는 올바른 태도입니다. 말씀을 늘 누군가를 향해 겨누는 비판의 칼로 보는 게 아니라, 그 말씀이 나에게 어떻게 적용되어야 하는지 생각해야 합니다. 처음에 이야기했던 '반면교사'라는 말이 정확하게 적용되는 시점입니다.

"랍비라 칭함을 받지 말라"는 말씀은 청중에게 겸손을 요청함과 동시에, 당시 위선적 종교 지도자들의 권위를 박탈하는 선언과도 같습니다. 선생이 되어 누군가를 정죄하고 가르칠 자격이 우리에게 없다는 것입니다. 단지 말씀을 먼저 살아내고 삶으로 보여줌으로써, 주변에 있는 믿음의 형제자매들과 함께 그 길을 가고 있음을 기억하라는 말씀입니다.

그런데 실상은 어떤가요? 우리가 새로운 것을 배우고 깨달으면, 삶으로 보여주고 겸손하게 침묵하기보다는 자꾸 남을 가르치려고 합니다. 우리 모두가

텅 빈 경건

한 하나님을 믿는데, 교회 안에서 서로 다른 은사와 직분으로 자신을 드러내고 허영심을 가져서는 안 됩니다. 교회 안에서 '계급의식'을 갖는 것은 굉장히 위험합니다. 사실 "칭함을 받지 말라"는 말씀은 NIV 성경에서 더 명확하게 드러나는 것 같습니다.

But you are not to be called 'Rabbi', for you have only one Master and you are all brothers _ MAT 23:8, NIV

'너는 랍비라고 불려서는 안 된다!'는 말이니, '너는 선생이 아니다!'라는 뜻입니다. 처음부터 자격을 논할 이유가 없다는 말입니다. 그러니 이 말씀은 교회 안에 직분이 있고 그것을 계급으로 여기는 자들에 대한 권면입니다. 또한 이 말씀은 '교권주의'에 대한 경고이기도 합니다. 특권 의식을 가지고 존경을 기대하는 교권주의를 경고하고 있는 것이지, 교회 지도자들을 존경하지 말라는 뜻이 아님을 명심해야 합니다.

그가 어떤 사람은 사도로, 어떤 사람은 선지자로, 어떤 사
람은 복음 전하는 자로, 어떤 사람은 목사와 교사로 삼으셨
으니 _ 엡 4:11

교회 직책을 부정하는 것이 아닙니다. 교회 안에
서 불리는 칭호는 합당하게 사용되어야 하지만 그로
인해 공명심이나 사사로운 명예욕에 빠져서는 안 된
다는 말씀입니다. 목회자나 직분자가 특권 의식을 갖
지 않고, 성도가 직분자를 존경하는 마음이 있다면
참 좋을 텐데 말입니다.

마태복음 23장 9절 말씀을 보면, 땅의 아버지와
하늘의 아버지를 비교하고 있습니다.

땅에 있는 자를 아버지라 하지 말라 너희의 아버지는 한
분이시니 곧 하늘에 계신 이시니라 _ 마 23:9

성경에서 '아버지'라는 말은 단순히 육신의 아버
지를 뜻하지 않고 최고 권위를 인정하는 용어로 쓰입

텅 빈 경건

니다. 마치 우리가 음악의 아버지, 미술의 아버지라
고 칭하는 것과 같습니다. '아버지'는 절대적인 권위
를 가지고 숭상을 받는 대상을 가리킵니다. 땅의 어
떤 것도 절대적이지 못하니, 오직 하늘의 아버지에게
만 유일한 권위를 두라는 말입니다.

종교의 타락이 어디서 오나요? 내가 완전하다는
생각에서 옵니다. '교황 무오설', '마리아의 순결', '맹
목적인 칼빈 숭상', '무조건적인 존 웨슬리 추종' 등
이 이에 해당합니다. 사도 바울도 가장 경계했던 것
이 예수님을 믿으며 '게바파', '바울파', '예수파'라고
주장하는 무리였습니다.

박양규 목사의 저서《중세 교회의 뒷골목 풍경》에
보면 이런 글이 나옵니다.

역사는 말한다. 밀라노 칙령 이전에 기독교가 받았던 핍
박보다 이후 기독교가 이교도를 박해했던 것이 훨씬 더
가혹하고 혹독했다고. 321년, 황제가 공식적으로 일요일을
주일로 선언했고 356년에는 우상 숭배자들을 사형에 처

하라는 칙령을 발표했다. 395년에는 기독교가 로마의 국교가 되면서 타종교는 공식적으로 '반역죄'가 되었다. 중세는 기독교가 지배하는 사회였지만 결코 성경적인 사회는 아니었다.

그런데 오늘날 똑같이 교단과 교파들이 생겨나고 '중앙', '제일', '정통'과 같은 말들로 권위를 내세우는 일들이 많습니다. 자신이 속한 단체나 교파를 신뢰하고 자존감을 가지는 것이 잘못은 아니나, 아버지의 위치에서 상대방을 정죄하고 판단하는 것은 인간의 몫이 아닙니다. 복음은 그리스도 안에서 우리들이 어떻게 하면 한 형제로 살아갈지를 생각하고 사는 것입니다.

마태복음 23장 10절에 보면 또 하나의 경고가 등장합니다.

또한 지도자라 칭함을 받지 말라 너희의 지도자는 한 분이시니 곧 그리스도시니라_ 마 23:10

텅 빈 경건

"지도자라 칭함을 받지 말라"고 하셨습니다. 이를 뜻하는 헬라어 '카데게타이'는 신약 성경에서 유일하게 나오는 말인데, '앞서 간다' 혹은 '안내하다'라는 뜻입니다. 주석에 보니 이렇게 나와 있습니다.

이 말은 '교사', '스승'으로 해석할 수 있는데, 특히 이들은 자신을 따르는 자들에게 완전한 모범이 되며 그 각각의 제자들을 책임지는 전인적인 스승이라는 의미를 내포하고 있다. 그 당시 바리새인들은 감히 자신들에게 이 용어를 붙이곤 했다(롬 2:19-20).

누가 지도자로서 완전하게 앞서서 인도할 자격이 있을까요? 누가 완전한 인격의 모범을 보이며 앞서 갈 수 있을까요? 예수 그리스도 외에는 우리에게 지도자가 될 분이 없음을 알아야 합니다. 대개 이단 교주는 예수님을 대신해 '지도자'의 자리에 앉으려고 합니다. 절대적으로 자신을 따르라는 사람들이죠. 참 창피한 일인데 어떤 목회자는 교인의 참됨을 '나의 명령에 따르는가?'를 기준으로 판단한다고 합니다.
얼마나 한심한 일입니까? 그러나 이 모든 유혹에서
벗어날 수 있습니다.

> 너희 중에 큰 자는 너희를 섬기는 자가 되어야 하리라 누
> 구든지 자기를 높이는 자는 낮아지고 누구든지 자기를 낮
> 추는 자는 높아지리라_ 마 23:11-12

큰 자가 되려는 마음이 없으면 됩니다. 섬기는 자
가 되려는 마음이면 충분합니다. 크고자 하는 마음이
없으면 자연스럽게 내가 섬기는 분이 높아지지 않겠
습니까? 흔히 말하는, 우리의 삶에서 그리스도만 드
러나는 것은 '나'의 낮아짐으로 가능한 일입니다. 높
아지려는 마음이 없으면 됩니다. 오히려 자기를 낮추
려고 애쓰면 될 일입니다. 어쩔 수 없는 노예적 봉사
와 굴종이 아니라, 스스로 낮아지는 섬김의 모습을
보이는 것입니다. 이 부분을 사도 바울은 이렇게 표
현하고 있습니다.

사람의 모양으로 나타나사 자기를 낮추시고 죽기까지 복

종하셨으니 곧 십자가에 죽으심이라_ 빌 2:8

이 마음을 잃어버린 사람들에게 화가 있을 것입
니다.

진정 하나님을 믿는다는 것은 하나님의 마음으로
하나님의 뜻을 따라 사는 것입니다. 그렇게 하나님의
마음을 잃어버린 채 바리새인이나 사두개인, 종교적
이중인격자가 되지 말라는 말을 가슴에 새겨야 할 것
입니다.

저는 복음이 능력이라고 믿습니다. 아프니까 복
음입니다. 이 복음을 우리 삶에 적용하는 것이 참 힘
들고 아플지도 모릅니다. 그런데 우리 가운데 복음이
살아 있으면 저는 이 나라와 민족과 우리 삶에 소망
이 있다고 믿습니다. 다시 우리가 말씀 앞에 서게 되
기를 주님의 이름으로 간절히 축원합니다.

나를 살리는 기도

주님, 우리가 얼마나 말씀 앞에서 멀어져 있었는지, 하나님의 마음에서 얼마나 멀어져 있었는지 모르겠습니다. 주님께서는 우리에게 사랑으로 임하셨으나, 우리는 사랑이 없는 정의로 이웃을 배척하며 하나님의 마음을 모른 채 살아가고 있지는 않은지 돌아봅니다. 하나님의 말씀대로 살아간다고 하며 정죄하고 판단하는 우리의 지식이 누군가를 얼마나 힘들게 했는지 깨닫게 하여 주옵소서.

자격 없는 죄인에게 아무것도 요구하지 않으시고 하나님의 자녀 삼아 주셨듯이, 우리도 다른 누군가를 보다 너그러운 마음으로 용서하는 하루가 되게 하소서. 죄뿐만 아니라 죄를 지은 사람까지 미워했던 바리새인과 서기관들을 반면교사로 삼아 사랑이 없는 정의를 추구하지 않게 하소서. 나의 열정이 누군가를 매는 올무가 되지 않게 하시고 끝까지 복음의 본질을 따라 하나님의 마음을 아는 주님의 자녀가 되게 하소서.

주님 주시는 말씀이 우리를 아프게 할 때, 다시 복음 앞으로 돌아가 새롭게 신앙과 삶을 세워갈 줄 믿습니다. 새로워진 삶으로 이 나라와 민족과 우리의 삶에 소망을 선포하며 나아가는 주의 백성 되게 하여 주옵소서. 예수님의 이름으로 기도합니다. 아멘.

진정 하나님을 믿는다는 것은

하나님의 마음으로

하나님의 뜻을 따라

사는 것입니다.

2. 천국 문을

가로막는 자에게

13 화 있을진저 외식하는 서기관들과 바리새인들이여 너희는 천국 문을 사람들 앞에서 닫고 너희도 들어가지 않고 들어가려 하는 자도 들어가지 못하게 하는도다

마태복음 23장 13절

헬라어 '우아이'는 '오 슬프다', '아이고'라는 탄식의 의미지만, '저주가 있을지어다'라는 저주 선언으로 사용되기도 합니다. 마태복음 23장을 보면 헬라어 '우아이'로 시작하는 문장이 7번 이어집니다. 그래서 이 저주 선언을 '7화(禍) 선언'이라 부르기도 합니다.

여기서 예수님이 선언하시는 '7화'의 대상은 바로 서기관과 바리새인들입니다. 이들의 특징은 '외식하는 자'입니다. 공동번역 성경은 '외식하는 자'를 '위선자'로 번역합니다. 헬라어 '히포크리타이'는 가면을 쓰고 무대에서 연기하는 자를 가리키는데, 이는 '외식'이라는 뜻으로 당시 아주 모욕적인 말이었습니다. 예수님이 이렇게 모욕적인 언어를 사용하신 이유는 그들의 이율배반적인 모습 때문입니다.

인터넷에서 '외식'이라는 단어를 입력했을 때 나오는 이미지를 소개합니다.

외식에 관한 사진들

CCTV, 양의 탈을 쓴 늑대는 어느 정도 수긍이 됩니다. 그런데 손을 들고 기도하는 모습이라든가 성경 위의 기도하는 손을 보면 조금 놀랍습니다. 세상 사람이 찬양하거나 기도하는 우리의 손을 바라보며 '외식', '위선'이라 말하는 것입니다. 무섭고 두려운 모습입니다. 이 두려움이 아프겠지만 우리가 말씀을 통해 변하는 계기가 되면 좋겠습니다.

예수님이 서기관과 바리새인들의 위선적인 행위에 "화 있을진저"라고 말씀하십니다. 이들의 행위가 사람들에게 구체적으로 나쁜 영향을 주기 때문입니다. 여기서 말하는 나쁜 영향은 무엇인가요?

> 화 있을진저 외식하는 서기관들과 바리새인들이여 너희는 천국 문을 사람들 앞에서 닫고 너희도 들어가지 않고 들어가려 하는 자도 들어가지 못하게 하는도다_ 마 23:13

외식하는 서기관과 바리새인들이 천국 문을 가로막고 있습니다. 자신도 천국에 들어가지 않으면서 사람들도 들어가지 못하게 합니다. 하나님이 예수님을 이 땅에 보내 주신 이유는 우리를 구원하려 하심입니다. 그런데 이들이 하나님의 계획을 막고 있습니다. 예수님이 하나님 나라를 선포하시고 우리를 위해 십자가에 달려 돌아가신 뒤 부활하셨는데, 이들이 그 문을 막고 있으니 얼마나 나쁜 사람들인가요? 조금 과격하게 말한다면, 하나님의 뜻과 계획을 막아서는 자들이니 마땅히 화를 당해야 하지 않겠습니까?

물론 율법 자체는 잘못된 것이 아닙니다.

> 그러므로 무엇이든지 그들이 말하는 바는 행하고 지키되 그들이 하는 행위는 본받지 말라 그들은 말만 하고 행하지 아니하며_ 마 23:3

"행하고"에 해당하는 원어는 '상세하고도 철두철미하게 실행한다'는 의미고, "지키되"의 원어에는 '몸에 배듯이 자연스럽고 완벽하게 지킨다'는 뜻이 있습니다. 그러므로 우리가 가능한 철저하게 지키는 것이 잘못일 이유는 없습니다.

마태복음 23장 4절에서 율법을 "무거운 짐"이라고 말하고 있는데, 이는 율법성이나 막중한 의무 때문이 아닙니다. 바리새인과 서기관들이 율법 자체와

텅 빈 경건

율법을 주신 하나님의 마음을 외면하고, 자의적으로 그 율법을 해석하고 세분화해서 613개의 생활 규범을 만들어 사람들을 율법의 노예로 만든 것에 대한 질책입니다.

수년 전 영화 〈곡성〉이 개봉한 후 유행했던 말이 있습니다. "뭣이 중한디?"

바리새인과 서기관들에게 중요한 것이 무엇인가요? "하나님의 마음을 아는 것과 하나님이 만드신 율법을 지키는 것 중에 뭣이 더 중한디?"라고 계속해서 묻고 계시는 것입니다.

예를 들어볼까요? 기아에 허덕이는 아이에게 음식을 주며 '손을 잘 씻은 후 먹자'라고 하면 그 규칙 자체가 틀린 것은 아닙니다. 그런데 씻을 물도 없는 상황에서 규칙을 강요한다면, 과연 그것이 옳은 일일까요? 물도 없는 곳에서 손을 씻으라고 한다면 사랑이 없는 율법의 규칙이 됩니다. 우리는 율법을 주신 하나님의 사랑을 외면하지 말아야 합니다.

성경에서 부모를 공경하라는 말은 무슨 의미일까

요? 부모를 잘 돌보기 위해서 법과 규칙을 만들고 잘 지키는 것은 중요합니다. 하지만 그 규칙보다 부모님의 마음을 먼저 편하게 해 드리는 것이 '더' 중요합니다.

만나교회 성도님의 간증이 좋은 예가 될 듯합니다.

아들이 초등학교 1학년 때였다. 아들을 말씀 안에서 잘 양육해야겠다는 생각이 하늘을 찌를 때였다. 아들이 잘못하면 내 마음대로 삼진 아웃제를 도입해 두 번까지 용서하고, 세 번째는 매를 들었다. 그때 나는 아들에게 성경을 가져오라고 했고, 잠언 13장 24절을 펴서 읽으라고 했다.
"매를 아끼는 자는 그의 자식을 미워함이라 자식을 사랑하는 자는 근실히 징계하느니라."
아들이 그 구절을 읽고 나면, 나는 매를 드는 이유에 대해 성경을 곡해하며 억지 이론을 폈다. 그리고 몇 대 맞을 것인지 물었다. 아들은 "한 대요"라고 대답했고 나는 "한 대로는 안 되지. 세 대는 맞아야 해"라면서 내 마음대로 개수를 정해 때렸다. 그때는 그것이 잘하는 것인 줄 알았다.

그때보다 더 하나님의 마음을 알게 되니 내가 엄청난 잘못을 했음을 깨달았다. 아들은 이미 사춘기가 시작되어 매로 다스리기 힘든 상태였다. 말씀의 능력도 어디 갔나 할 정도였다.

아들을 불러 조용히 이야기했다. 어릴 때 엄마가 잠언을 읽게 하고 매를 든 것을 기억하느냐고. 아들은 기억한다고 했다. 나는 가만히 아들의 손을 잡고 떨리는 목소리로 말했다. "엄마가 잘못했다. 엄마가 하나님을 어설프게 잘못 알아 성경을 모독했고 너를 아프게 했다. 엄마를 용서하고 하나님을 그렇게 잘못 이해하지 말거라. 다 내 잘못이다." 아들에게 용서를 구했다. 그 순간 나는 아들에게서 "괜찮아요!"라는 대답이 올 거라고 생각했다. 그러나 내 착각이었다. 아들은 무뚝뚝하게 "네"라고만 답하는 것이 아닌가! 만약 내가 그때 사과하고 용서를 구하지 않았으면 사춘기의 정점에 다다른 아들은 나를 더 미워하고 하나님을 더욱 미워할 뻔했다.

그들의 모든 행위를 사람에게 보이고자 하나니 곧 그 경문
띠를 넓게 하며 옷술을 길게 하고_ 마 23:5

    포로기 이후 유대인들은 '기도의 끈'을 만들어 몸
에 걸치고 다녔습니다. 처음에는 율법을 기억하고 경
건에 힘쓸 목적이었지만 차차 자신의 경건을 과시하
는 용도로 지니고 다녔습니다. 그리고 언제부턴가 이
끈은 '부적'처럼 사용되었습니다.

    처음에는 아침 '쉐마' 기도 때만 찼었는데 점차 하
루 종일 차는 것이 관행이 되었고, 심지어는 취침 때
도 부착했다고 합니다. 극단적인 경건주의자들은 자
신의 경건을 과시할 목적으로 규정된 크기보다 더 길
게 만들어 눈에 띄게 달고 다녔습니다. 옷술에 경문
을 다는 것이 잘못은 아닙니다. 하지만 그 옷술로 사
람을 판단하는 것은 옳지 않습니다. 말씀의 본뜻은
다 잃고 '내가 이 말씀을 지키는 사람'임을 주장하는

사람이 된 것입니다.

오늘 우리 삶에 적용해 볼까요? 크리스천은 십자가가 참 많습니다. 제 차에도 십자가가 걸려 있습니다. 그런데 십자가 자체가 "나를 보호할 것이다"라며 그것을 의지한다면 바리새인이나 서기관들과 다를게 없습니다. 십자가를 바라보며 그 사랑을 마음에 새기고, 이웃에게 피해를 입히지 않도록 안전 운전을 다짐하며 나아가는 그 마음이 중요합니다.

우리가 경건한 옷차림으로 예배드리는 것이 잘못은 아닙니다. 하지만 그 경건의 모습이 꼭 넥타이를 매거나 정장을 입어야 하는 것은 아닙니다. 목회자는 목회자다운 옷차림과 모습이 중요하다고 해서 꼭 머리 형태나 와이셔츠 색깔, 양복 스타일을 정해야 하는 것은 아닙니다.

자기의 잣대로 누군가를 판단하고 정죄하는 것이 천국 문을 가로막는 서기관과 바리새인들의 모습입니다. 우리의 지식이 잘못된 것이 아니라, 지식의 교만으로 천국 문을 닫을 수 있음을 주의해야 합니다.

… 너희는 천국 문을 사람들 앞에서 닫고 … _ 마 23:13

말씀이 아주 흥미롭습니다. 평행 구절인 누가복음 11장 52절을 보면 이 의미가 명확해질 것 같습니다.

화 있을진저 너희 율법교사여 너희가 지식의 열쇠를 가져 가서 너희도 들어가지 않고 또 들어가고자 하는 자도 막았 느니라 하시니라_ 눅 11:52

당시 서기관과 바리새인들, 그리고 제사장들은 일반 사람들의 삶을 지배했습니다. 당시 종교 사회였던 이스라엘은 종교 예식과 제사를 통해 사람들을 조종했습니다. 이들의 문제는 수없이 많은 규칙을 만들어서 사람들이 하나님을 알 수도, 따를 수도 없게 만들었다는 것입니다. 그리고 그들 자신도 천국에 들어가지 않고 막는 자가 되었습니다. 수많은 규칙으로 신앙의 경건을 유지한다고 생각했지만, 사실은 사람들을 힘들게 했고 천국 문을 가로막는 자들이 되었습니다.

《중세 교회의 뒷골목 풍경》에 나오는 이야기를 조금 더 나눠보겠습니다.

당시 교회가 어떻게 하나님의 말씀을 왜곡하고 살았는지, 예수님이 질책하시던 바리새인과 서기관들의 모습이 그대로 드러나고 있습니다. 더욱 슬픈 것은 그런 모습이 오늘 우리에게도 반복되고 있다는 사실입니다.

1077년에 일어난 '카노사의 굴욕'은 당시 황제였던 하인리히 4세를 교황 그레고리 7세가 파문하면서 일어났던 사건입니다. 서로 권력을 가지려 했지만 결국 황제가 3일간 카노사의 눈밭에서 교황에게 용서를 구했던, 교회와 세상 권력 간의 유명한 갈등이었죠. 중요한 것은 황제도, 교황도 자신의 주장을 피력하기 위해 성경을 인용했지만, 성경에 순종하지는 않았다는 것입니다. 탐욕에 눈이 멀면 성경도 보고 싶은 대로 보게 마련입니다.

14세기의 윌리엄 랭글런드는 다음과 같은 글을 남겼습니다.

"많은 성직자들이 순결하지만 전적으로 사랑이 부족하다. 이 세상에서 성직자들보다 더 탐욕스러운 사람은 없다. 육체적으로 순결한 교구 신부들이라 해도 탐욕 아래 짓눌려 있고, 소유에 대한 욕망이 너무 강해서 그들의 머리에서 이를 떼어낼 수가 없다."

위선자들이 가장 많이 사용하는 말이 있습니다. '하나님의 영광을 위하여!' 하지만 실상은 하나님의 마음을 아프게 합니다. 하나님의 영광을 위하여 하는 일이 복음의 능력을 사라지게 합니다. 오직 자신들이 취하려는 명예와 권력을 정당화할 뿐입니다. 기독교가 중세에 권력을 가지자 '하나님의 영광을 위하여' 이단을 무참하게 학살하면서 '살인하지 말라'는 계명을 어기는 명분을 제공했습니다.

조반니 보카치오(Giovanni Boccaccio)의 《데카메론》

에 나오는 이야기를 소개합니다.

자노는 유대인 친구에게 기독교로 개종하기를 간청했다.
"자네는 내가 기독교도가 되어야 직성이 풀린단 말이지?
나도 그래 볼까 생각하는데, 그 약속을 하기 전에 나는 먼
저 로마로 가서 자네가 말하는 그 하나님의 대리자라는
분을 만나 보고 그분의 품위와 태도 그리고 형제뻘 되는
추기경들의 품위와 태도를 직접 내 눈으로 보고 싶네. 그
리고 자네의 말과 견주어 본 뒤에 자네가 나한테 들려주
었듯 자네의 종교가 내 것보다 뛰어나다는 것을 알게 된
다면 방금 말했듯 나도 기독교도가 되겠네."
이 말을 들은 자노는 매우 실망하며 속으로 혼자 중얼거
렸다.
"이 사람을 개종시킬 수 있다면 좋겠는데, 그 고생도 물거
품으로 돌아가려는가 보군. 로마 교황청에 가서 성직자들
의 더러운 악덕 생활을 보게 된다면 기독교도가 되기는커
녕 진작 기독교로 개종했더라도 다시 유대교도로 돌아가
고 말 테니."

하나님의 자녀로 살아가는 데 '지식'이 필요하지만, 결국 지식보다 더 중요한 것이 있습니다. 예수님이 바리새인들을 강하게 질책하신 이유는 그들이 지식을 잘못 사용했기 때문입니다. 하나님이 지식을 주신 이유는 우리의 것을 자랑하기 위함이 아니라, 하나님 나라를 위하여 잘 사용하기 위함이지요. 그러나지식을 잘못 사용하면 천국으로 들어가는 문을 가로막게 됩니다.

좋은 믿음으로 천국 문을 막지 마라

우상의 제물에 대하여는 우리가 다 지식이 있는 줄을 아나 지식은 교만하게 하며 사랑은 덕을 세우나니_ 고전 8:1

고린도전서 8장 1절은 고린도 교회 '우상 제물' 논쟁 이야기입니다. 교회의 갈등은 평신도나 초신자보다 뭔가 좀 안다는 사람들의 지적 교만에서 시작되는 것 같습니다. '우상 제물'에 지식이 있는 사람들이 그랬습니다. 사도 바울이 보기에 고린도 교회는 이방 종교에서 기독교로 개종한 사람에게 무거운 짐을 부과하거나 힘들게 하는 일들이 있었던 것입니다. 지식에 대한 확신으로 무거운 짐을 지우니 '상대방에 대한 사랑과 배려'는 결핍되었습니다. 이 문제의 해결을 막는 것은 '지식의 결핍'이 아니라 '사랑 없는 지식'이었습니다. '사랑 없는 지식'의 '교만'으로 천국 문을 가로막는 것입니다.

무슨 말인가요? 성경 지식과 믿음의 경험이 반드시 필요하지만, 그 자체가 믿음은 아니라는 것입니다. 믿음은 본질적으로 겸손함과 자기 포기를 전제로 합니다. 그런데 믿음이 있다 생각하고 믿음을 기준으로 삼는 순간 교만이 찾아옵니다.

이런 질문도 가능할 것 같습니다.

'믿음'으로 섬기는 사람이 되느냐, '믿음'을 자랑하며 누군가를 핍박하는 사람이 되느냐? '지성'이 겸손하게 나타나느냐, 아니면 '지성'이 교만하게 나타나느냐?

자신의 믿음과 지성에 '확신'은 필요하지만, 그것이 다른 사람을 비판하거나 정죄하는 기준이 되어서는 안 됩니다. 중요한 말입니다. 확신을 버릴 필요는 없지만 그것 때문에 상대를 힘들게 하기보다는 덕을 세워야 합니다. 사랑 없는 지식은 늘 누군가를 정죄하는 데 사용됩니다.

천국 문을 가로막는 바리새인들처럼, 고린도 교회에서도 믿음이 좋다는 사람들이 자신의 지식으로 천국을 가로막고 있었습니다.

> 그러므로 우상의 제물을 먹는 일에 대하여는 우리가 우상은 세상에 아무것도 아니며 또한 하나님은 한 분밖에 없는 줄 아노라_ 고전 8:4

교회를 오래 다니고 지식이 있는 사람에게 '우상 제물'은 크게 문제 되지 않았습니다. 이들에게는 오직 하나님은 '한 분'이라는 진리에 기초한 믿음이 있

텅 빈 경건

었기 때문입니다. 이들에게 우상은 단순한 피조물이요, 어떤 영적 능력도 없기에 거기에 드린 '제물' 역시 먹거나 말거나 별로 문제되지 않았습니다. 그런데 문제가 생겼습니다. 고린도 교회에서 갓 신앙생활을 시작한 이방인들에게 우상에 대한 두려움이 있었습니다. 이들은 여전히 자연을 두려워하며 숭배하고 몸에 부적을 가지고 다니며 위안을 삼았습니다.

> 그러나 이 지식은 모든 사람에게 있는 것은 아니므로 어떤 이들은 지금까지 우상에 대한 습관이 있어 우상의 제물로 알고 먹는 고로 그들의 양심이 약하여지고 더러워지느니라
> _ 고전 8:7

하나님에 대한 지식이 없는 사람들에게 우상 제물은 그냥 음식이 아니었습니다. 우상 숭배자들에게 바친 제물이 하나님과 우상 중 무엇을 선택하느냐의 문제일 수 있다는 말입니다.

고린도전서 8장 7절에 나오는 "양심"은 '아는 것'

이라는 의미인데, 신약 성경에서 자주 쓰이는 단어입니다. 양심은 우리가 아는 지식에 근거합니다. 중요한 것은 이 지식이 세상에 근거하는가, 아니면 영적인 것을 따르는가의 문제입니다. 다시 말해 그들에게 영적 지식이 많아지면 훨씬 더 양심적인 사람이 될 것입니다.

아직 믿음이 약한 사람, 즉 영적 지식이 부족한 사람은 어떤 양심을 가지게 될까요? 대부분의 사람은 자신이 사는 세상의 습관과 관습의 틀에서 양심의 가책을 느낍니다. 그리고 이 가책이 마음속에 들어오는 순간 죄책감으로 죄인이 됩니다.

그러니 혹시라도 믿음이 약한 성도들에게 해가 되거나 피해가 될 만한 일을 하지 말아야 합니다. 양보는 성숙한 사람, 더 사랑하는 사람이 하는 것입니다. 물론 약한 자가 모든 것을 제멋대로 하도록 내버려 두라는 말이 아닙니다. 그리스도 공동체 안에서 잘 성장할 수 있도록 도와야 합니다. 우리가 자유해야 함은 사실이나, 그 자유를 육체의 기회로 삼지 말

텅 빈 경건

고 다른 사람을 섬기고 덕을 세우는 일에 사용해야
한다는 말입니다.

사도 바울의 편지는 철저하게 목회적 관점에서
말하고 있습니다. 신학자들은 사도 바울의 사상을
'그리스도에 중심한 은혜의 신학'이라고 말합니다.
그가 받은 은혜를 다른 누군가에게 흘려보내는 '하나
님의 은혜'를 늘 마음에 새기고 있었기 때문입니다.

하나님의 마음을 먼저 생각하라

지식보다 더 중요한 것은 '사랑'입니다. 그리고
'하나님의 마음'입니다. 지식에도 불구하고 겸손하게
천국 문을 여는 자들이 될 것입니까, 아니면 지식의
교만으로 천국 문을 닫는 자들이 될 것입니까?

교만하면 눈에 보이는 것이 없습니다. 자신이 최
고이기 때문에 다른 사람을 업신여깁니다. 교만이 우
리 신앙에 치명적인 것은 '합병증'을 유발하기 때문

입니다. 우리가 아는 것처럼 '당뇨병'은 합병증이 무서운 병입니다. 당뇨의 합병증으로 눈이 보이지 않거나 신체 일부가 썩는 것처럼, 교만하면 자신도 주변 사람도 보이지 않습니다. 하나님이 보이지 않으니 제멋대로 살다가 '패망의 선봉'에 서게 됩니다. 뿐만 아니라, 주변 형제자매들에게 상처를 주고 마음을 상하게 하므로 생명의 공동체에서 떨어져 나가게 합니다.

우리나라 민담 중에 이런 이야기가 있습니다.

교만한 선비가 있었습니다. 자기가 가진 지식과 지혜를 사람들에게 자랑하기를 좋아했습니다. 어느 날 선비는 과거를 보러 한양에 가려고 길을 나섰습니다. 선비는 강 나루터에 다다라 한 뱃사공의 배에 타게 되었습니다. 선비는 사공에게 으스대며 뻐기듯 말했습니다.

"자네, 글을 지을 줄 아는가?"

"글 자체를 몰라 지을 줄 모릅니다."

"그럼 세상 사는 맛을 모르겠구먼그려. 그럼 자네는 공자와 맹자의 가르침을 알고 있는가?"

텅 빈 경건

"그 사람들이 누군지도 모릅니다."

"쯧쯧…. 자네는 인간의 도리를 모르고 사는구먼. 그럼 자네는 글을 읽을 줄 아는가?"

"아닙니다. 저는 까막눈이죠."

"아니, 이런 세상에나. 자네는 도대체 왜 사는가?"

이때 사공의 배가 갑자기 암초에 부딪혀 물이 새기 시작했습니다.

사공은 느긋했지만 선비는 다급해졌습니다. 이번에는 반대로 사공이 선비에게 물었습니다.

"선비님, 헤엄치실 줄 아십니까?"

"아니, 난 헤엄칠 줄 모르네."

"그럼 선비님은 죽은 목숨이나 마찬가지입니다."

"여보게, 살려주게."

"아니, 선비님은 그 나이 때까지 뭐 하고 살았습니까?"

사도 바울이 염려했던 것이 무엇이었을까요?

그는 자신이 옳다고 생각하는 것을 전파하기보다, 그것을 받아들이지 못하는 사람들의 마음을 생각하는 데 더 주의했습니다. 그것을 중요하다고 여겼습니다.

우리의 지식으로 동료에게 상처를 주는 것은 그리스도께 상처를 주는 것입니다. 저도 목회하면서 참 안타까운 것이 '상처' 받는 교인들입니다. 설교할 때는 "상처를 준다고 다 받느냐? 받은 상처를 돌려주라!"고 말하지만 사실 무의식중에 상처를 주는 사람들이 참 많습니다. 자신은 대수롭게 생각하지 않지만 누군가에게는 큰 상처가 될 수 있는 것이죠.

사도 바울이 고린도 교인에게 정확하게 하고 싶었던 말씀이 있습니다.

> 그러면 네 지식으로 그 믿음이 약한 자가 멸망하나니 그는
> 그리스도께서 위하여 죽으신 형제라_ 고전 8:11

그런데 이 말씀이 지금 서기관과 바리새인들을 향해 질책하시는 예수님의 가르침과 맥이 통하지 않습니까? 위선자의 지식은 그것을 지킬 수 없는 연약

한 자들을 죽였습니다. 예수 그리스도께서 바로 그 연약한 자들을 위해 죽으셨는데, 실상 예수 그리스도를 따른다는 자들이 주님의 죽으심을 헛되게 만들었습니다.

바리새인과 서기관들은 자신에게 있는 지식으로 당당하고 자랑스러워했습니다. 그리고 그렇지 못한 사람을 경멸했습니다. 자신의 의를 드러내기 위해서 그들을 배려하지 않을 이유가 충분했습니다. 말씀을 준비하면서 떠올랐던 일이 있습니다.

어느 목사님 한 분을 만났습니다. 만나서 식사하게 되었는데 조금 당황스런 상황이 발생했습니다. 자리에 앉자마자 식당 주인이 저를 알아보고 "목사님!"이라고 인사하는 상황에서 아무 거리낌 없이 맥주와 와인을 주문하는 그 목사님 때문이었습니다. 맥주와 와인이 신앙을 대변하는 것은 아니지만, 목회자인 저를 사람들이 얼마든지 알아볼 수 있는 식당이었기에 더 당황스러웠죠.

그분의 눈빛은 '뭐 이런 것이 문제가 된다고…'라고 말하고 있었습니다.

맥주와 와인을 마시고 안 마시고는 별로 중요하지 않습니다. 단지 상대방을 배려하지 않는 그분의 태도가 문제 아니었을까요? 무엇보다 우리나라 상황에서는 전통적으로 목회자가 식사하면서 술을 먹는 것이 자연스럽지 않습니다. 그리고 이런 목사를 보게 될 교인들에 대한 배려가 부족했습니다. 물론 누군가는 아무렇지도 않을 수 있지만, 누군가에게는 설교를 들을 때마다 술을 먹는 목회자의 모습이 떠올라 은혜가 안 될 수도 있기 때문이죠.

모든 것이 가하나 모든 것이 유익한 것은 아닙니다!

나의 신념과 지식을 내세우는 것이 잘못은 아닙니다. 하지만 상대방을 존중하지 않는 것은 독선과 교만 아닐까요? 그 교만이 누군가에게 천국 문을 가로막는 죄가 될 수 있다면 말이죠.

기독교 영성가 오스왈드 챔버스(Oswald Chambers)의 저서 《주님은 나의 최고봉》에 나오는 구절입니다.

예수님을 나의 구주로 영접한 이후, 나는 어느 누구에게 도 실망한 적이 없습니다. 십자가에서 내가 얼마나 큰 죄 인인지 알았습니다. 나는 어느 누구에게도 비판은커녕 실 망할 자격도 없는 죄인입니다.

진정으로 하나님의 은혜를 경험한 사람이라면 그 은혜로 말미암아 누구도 비판할 자격이 없는 자신의 모습을 보는 것이 옳습니다. 신앙은 하나님 앞에서 늘 나 자신을 바라보는 것입니다. 이 말씀을 주신 하 나님의 마음이 무엇입니까? 하나님의 마음을 생각하 면 누군가를 쉽게 비난하지 못합니다. 이것이 겸손이 고 신앙이고 믿음이며, 이것이 천국 문을 엽니다. 우 리가 겸손하게 하나님 앞에 설 때 천국 문을 여는 사 람이 될 수 있습니다.

바리새인들은 예수님과 제자들을 수없이 정죄하 고 괴롭혔습니다. 주로 안식일을 어기는 문제였습니 다. 예수님은 안식일에 병자를 고친 일로 '안식일을 범하는 자'로 공격받으셨습니다. 제자들과 함께 밀밭

사이를 걸으시며 안식일에 밀을 잘라 먹었습니다. 바리새인들은 왜 안식일에 일하느냐며 예수님을 공격했습니다. 예수님은 이러한 논쟁에 대하여 이렇게 되묻습니다.

"안식일이 누구를 위하여 있는 것이냐?"

하나님이 우리에게 '쉼'을 주기 위해 안식일을 주셨는데, 더 큰 고통을 당하는 자들을 외면하며 안식일을 지킨다면 하나님의 마음을 잃은 것입니다. 안식일에 배고픔으로 고통당하는 사람들에게 먹을 것을 위해 아무 일도 하지 말라는 것은 '쉼'이 아니라 고통을 줍니다.

또 한 가지 질문이 있습니다.

제가 주일에 설교하는 것은 '일'일까요, '쉼'일까요? 교회 직원이나 목회자들은 주일에 일하니 안식일을 범하는 것일까요? 식당이나 사업가들이 주일에 문을 여는 것은 안식일을 범하는 일이고, 병원이나 공공기관에서 당직 서는 사람들은 괜찮은가요? 우리의 지식이 자기중심적인 테두리에서 쉽게 다른 사람

텅 빈 경건

을 판단하거나 재단해서는 안 됩니다. 안식일을 지키는 것은 중요합니다. 그러나 우리는 안식일을 지키지 못하는 사람들의 아픔도 이해해야 합니다. 안식일은 하나님의 영광을 위하여 있고, 사람을 위하여 하나님이 주신 날입니다.

복음을 살고 말씀대로 산다는 것은 참 아프고 힘든 일입니다. 그런데 이 고민이 우리를 하나님 앞에서 살아 있게 만듭니다. 겸손하게 하나님 앞에 서기 위해서는, 끊임없이 교만해지려는 자신의 마음과 싸워야 합니다. 우리 마음에 하나님의 마음이 살아 있으려면 잠시만 한눈을 팔아도 내 속에서 고개 드는 인간적이고 이기적인 나의 본성과 싸워야 합니다. 나의 기준과 하나님의 기준 사이에서 공정성을 잃지 않도록, 그리고 나의 기준으로 누군가를 정죄하거나 실족하지 않도록 깨어 있어야 합니다. 믿음은 교만한 지성이 아니라, 언제나 하나님 앞에서 겸손한 마음이어야 합니다. 하나님이 가장 싫어하시는 것은 교만이며, 그 교만을 하나님이 꺾으실 수 있음을 기억하면 좋겠습니다.

내가 하나님 앞에서 결단한 그 믿음이 귀하지만 내 믿음으로 누군가를 정죄하고 그를 향해 칼날을 휘두르지 말아야 합니다. 하나님은 '네가 하나님 앞에 서라' '네가 하나님 앞에서 결단하라'고 말씀하십니다. 우리를 아프게 했던 그 말씀들이 우리를 살리는 역사가 있기를 바랍니다.

주님, 서기관과 바리새인들을 꾸짖으시는 말씀을 통해 내 안에 외식하는 모습이 없는지 돌아봅니다. 그들은 많은 지식이 있었으며, 누가 보아도 경건한 모습을 한 사람들이었습니다. 그런 그들의 경건과 지식, 믿음이 하나님의 마음을 알지 못할 때 비수가 되어 사람들의 마음에 꽂혔음을 봅니다.

주님, 이 아픈 말씀이 오늘날 우리 교회를 향해, 그리스도인을 향해 하시는 말씀이 아닌지 돌아봅니다. 우리가 기도와 찬양, 예배와 교제 모든 것에 힘쓰면서도 그것으로 하나님을 기쁘시게 해 드리지 못하고 도리어 나의 믿음을 자랑하며 다른 지체들을 정죄하는 데 급급하지는 않았는지요. 사람들에게 인정받는 신앙, 남들이 우러러보는 믿음을 가졌다고 자부하면서 나의 지식으로 천국 문을 가로막고 있지는 않았는지요. 우리가 가지고 있는 기준으로 누군가를 용납하지 못하고 아프게 하지는 않았는지요.

주님, 내 신앙의 지식과 경험으로 교만하지 않게 하시고 그 모든 것을 뛰어넘어 하나님의 마음과 하나님의 사랑이 먼저임을 기억하게 하소서. 내게 베푸신 은혜를 기억하며 오늘도 그 은혜로 다른 이에게 날카로운 정죄의 말이 아닌 사랑의 말로 주님을 전하게 하소서. 말씀이 우리를 아프게 할 때, 무릎 꿇고 그 말씀대로 살아내는 주의 백성이 되게 하여 주시옵소서. 예수님의 이름으로 기도합니다. 아멘.

3.   지옥의 자식을

만드는 자에게

15 화 있을진저 외식하는 서기관들과 바리새인들이여 너희는 교인 한 사람을
얻기 위하여 바다와 육지를 두루 다니다가 생기면 너희보다 배나 더 지옥 자식
이 되게 하는도다

마태복음 23장 15절

"화 있을진저"로 시작하는 '7화(禍) 선언' 중 두 번째 저주 선언문입니다. 역시 화의 대상은 위선적인 바리새인입니다. 첫 번째 화에서 바리새인들이 조금은 소극적으로 천국 문을 닫았다면, 두 번째 화에서는 좀 더 적극적인 활약상을 보여줍니다.

> 화 있을진저 외식하는 서기관들과 바리새인들이여 너희는 교인 한 사람을 얻기 위하여 바다와 육지를 두루 다니다가 생기면 너희보다 배나 더 지옥 자식이 되게 하는도다_마23:15

두 번째 '화'가 더 무섭습니다. 적극적으로 천국 문을 가로막는 서기관과 바리새인들의 활약상이 나옵니다. 이번에는 '바다와 육지'를 다니며 사람들을 찾아 '회심' 시킵니다. 이들을 생명의 길로 인도하는 것이 아니라, 자신들이 가는 지옥보다 두 배나 무서운 지옥의 자식이 되게 합니다.

당시 유대인들은 아주 적극적으로 선교했다고 합니다. 유대인들이 신봉하고 지키는 율법 지식과 행동을 추종하도록 만드는 것이 선교라고 믿으면서 말입니다. 그들은 자신과 같은 '유대인'을 만들기 원했습니다. 소위 '개종자'를 만드는 것입니다. 이들은 이방인이 개종 후 할례를 받고 성전세를 내는 등 바리새인들의 가르침을 따르도록 했습니다.

그런데 무엇이 문제인가요?

예수님이 바리새인들을 향해 말씀하시는 '위선적인 모습'을 다른 사람도 따르도록 가르쳤다는 게 문제입니다. "배나 더 지옥 자식"이 되게 했다는 말씀이 무슨 의미인가요? 지옥에 등급을 매겨 더 나쁜 지옥과 조금 나은 지옥이 있다는 뜻은 아닐 것 같습니다. 자신만 지옥에 가는 게 아니라 다른 사람도 자신처럼 만들어 지옥에 가게 하니 지옥의 인구가 두 배나 늘어난다는 말이 아닐까요? 혹은, 바리새인들에게 배운 위선적인 모습을 따라 하며, 더욱 위선적인 모습으로 다른 사람을 정죄하게 된다는 의미는 아닐까요?

텅 빈 경건

이 부분은 오늘날 기독교 선교에 시사하는 바가
많습니다.

본문 말씀을 보겠습니다. 우리 말 성경은 "한 사람
을 얻기 위하여"로 되어 있는데, 영어 성경에서는
'convert'를 사용하고 있습니다. 바로 '회심시킨다'란
의미입니다. 이 단어가 훨씬 명확하게 이 상황을 설
명해 주는 듯합니다.

제가 선교학을 공부하면서 중요하게 다루었던 영
역이 바로 '회심 선교'라는 주제였습니다. 누군가를
회심시킨다는 의미는 무엇일까요? 진정한 의미에서
의 회심은 하나님을 알기 전의 세계관을 하나님 믿는
자의 세계관으로 바꾸는 것입니다. 유대인들은 하나
님 믿는 세계관으로 바꾸려는 것이 아니라, 자기들이
믿는 방식으로 사람들을 바꾸려 했습니다.

선교 역사에서도 종종 교회가 범한 오류가 있습니
다. '회심'을 세계관의 변화가 아닌, 이미 말씀을 믿고

전하는 사람들의 '사고 방식'을 따르는 일로 착각하는 것입니다.

예를 들어 보겠습니다.

서구 선교사들이 아프리카에 복음을 전하며 가장 바꾸고 싶은 것이 있었습니다. 가난의 문제를 해결하는 것과 일부일처제 문화를 전파하는 것이었죠.

케냐의 마사이족 선교에서 있었던 일입니다. 평소 부족 간의 마찰도 없고 평화롭던 마을에 위생과 의료 시설이 들어오면서 평화가 깨지기 시작합니다. 그들은 자신이 경작한 소산으로 충분히 베풀며 살았는데, 더 이상 사람이 죽지 않자 식량이 모자라게 된 것입니다. 문제는 좋아진 환경에서 사람들의 마음이 피폐해지기 시작했다는 것입니다. 이기적이고 개인적인 삶의 패턴이 나타났습니다. 또한 일부다처제를 '죄'로 규정하면서 문제가 생겼습니다. 선교사들이 부인을 한 명만 남겨 놓으라고 하니, 선택받지 못한 사람들은 먹고살 길이 막막해졌습니다. 복음이 들어갔는데 어느 날 가족 관계가 파괴된 것입니다.

일부다처제의 생존 이유는 특별합니다. 전쟁에 끊임없이 나간 남자들이 목숨을 많이 잃었고, 결과적으로 남자 수가 부족해졌습니다. 한 남자가 여러 여자를 보살필 수밖에 없는 구조가 된 것이죠. 단순히 서구의 문화적인 틀로 정죄하며 판단할 수 있는 문제가 아니었습니다.

이러한 선교적인 문제의 뿌리가 바리새인과 서기관들의 잘못된 태도에 있다는 것입니다. 우리가 선교하는 사람들의 열정을 어떻게 이해하고 따라갈 수 있겠습니까? 그런데 이러한 열정에 부작용이 있다는 것입니다. '복음'과 '하나님의 마음'보다 자신들이 믿는 방식을 진리로 생각하고 다른 사람들에게 강요하는 것입니다. 열정을 가지고 일했으나 복음을 잃어버린 열심은 하나님의 마음을 아프게 할 뿐만 아니라 사람들의 마음도 아프게 합니다.

예수님이 계속해서 말씀하십니다.

하나님을 믿는 사람들이 자신의 믿음을 지키려고 만든 규칙으로 복음의 자리를 대신하지 말라는 것입니다. 복음은 규칙이 아닌 하나님의 마음이기 때문입니다.

이러한 갈등은 예수를 믿고 회심한 바울이 복음을 전하면서 맞닥뜨린 심각한 문제였습니다.

…한 사람을 얻기 위하여 바다와 육지를 두루 다니다가…

_ 마 23:15

바리새인들이 가졌던 열정 역시 대단했습니다. 한 사람을 얻고 나면 바리새인들은 신앙과 율법의 추종자를 만들기 위해 최선을 다했습니다. 그런데 그들의 노력이 사람들에게 "배나 더 지옥 자식"이 되게 했다는 것입니다.

사도 바울은 고린도전서 11장에서 이렇게 말합니다.

내가 그리스도를 본받는 자가 된 것같이 너희는 나를 본받는 자가 되라_ 고전 11:1

사도 바울 역시 자신의 '신앙'을 다른 누군가가 본

받기를 원했습니다. 이는 바리새인이나 서기관들과 별 차이가 없어 보입니다. 그러나 바리새인들은 사람들이 자신처럼 율법을 지키는 자가 되기를 원했지만, 사도 바울은 자신이 그리스도를 본받기 위해 끊임없이 노력했던 그 모습을 사람들이 본받아 영원한 생명을 얻기 원했습니다. 기준이 이렇게 달랐습니다.

율법을 지키는 것이 '행위'에 초점을 맞춘다면, 하나님을 믿는 '믿음'은 하나님의 마음을 아는 것에 달린 문제입니다.

그런즉 너희가 먹든지 마시든지 무엇을 하든지 다 하나님의 영광을 위하여 하라 유대인에게나 헬라인에게나 하나님의 교회에나 거치는 자가 되지 말고 나와 같이 모든 일에 모든 사람을 기쁘게 하여 자신의 유익을 구하지 아니하고 많은 사람의 유익을 구하여 그들로 구원을 받게 하라_고전10:31-33

바리새인들의 회심은 그들이 정한 규칙을 지키는 것이 목적입니다. 그들은 절대로 자기 삶의 방식

을 바꾸거나 포기할 의향이 없습니다. 그들의 가치는
'정해 놓은 규칙'에 있지 그 '규칙을 만드신 하나님'
께 있지 않았습니다. 늘 하나님을 위하여 율법과 규
칙을 지켜야 한다고 말하지만, 사실은 자신들이 만든
규칙이 우상이 된 것입니다. 잘못된 열정입니다.

율법보다 영혼 구원이 더 중요하다

사도 바울에게 '회심'은 구원받는 것이었습니다.
그래서 하나님 앞에서 무엇이 '유익'한가를 묻게 됩
니다. 율법보다 구원받은 영혼이 더 중요하기에 열심
히 전도해서 얻은 영혼을 위해 자신을 포기하고 내려
놓을 수 있었습니다.

미국의 복음주의 설교가 토저(Aiden Wilson Tozer)가
《예수 방향으로 가라》에 쓴 내용입니다.

속도보다 방향이 중요하다. 예수님은 자신과 같은 방향으

로 같은 길을 걷는 사람을 찾고 계신다. 이 세상을 살아갈 때 가장 중요한 것들 중 하나는 '우리가 어디에 있는가'보다는 '우리가 어느 방향으로 가고 있느냐'이다.

예수님은 그 길을 함께 갈 사람을 찾고 계십니다. 오늘 예수님이 가시는 그 길을 우리가 함께 가고 있는가가 중요합니다. 말씀에서 이렇게 말하고 있습니다.

모든 것이 가하나 모든 것이 유익한 것은 아니요 모든 것이 가하나 모든 것이 덕을 세우는 것은 아니니 누구든지 자기의 유익을 구하지 말고 남의 유익을 구하라

_ 고전 10:23-24

그러면서 우상 제물을 먹느냐 마느냐에 관한 사도 바울의 변론이 나옵니다.

복음이 들어가기 전 고린도의 모든 사람이 우상을 섬겼습니다. 당시 고린도 시장에서 파는 고기는 우상 제물로 바쳐진 것이었습니다. 그래서 우상 제물로 바

친 고기를 먹느냐 마느냐가 중요한 문제였습니다. 그러나 사도 바울의 신앙으로 볼 때 그리 큰 문제가 아니었습니다. 모든 것이 다 하나님의 피조물이니 우상은 무시할 존재인 것입니다. 그러니 불신자들이 사도들을 초청해 음식을 줄 때도 그 음식에 대하여 따지지 말고 먹으라고 합니다. 먹고 안 먹고는 그렇게 중요하지 않다는 것이 바울의 신앙관입니다. 그런데 만약 누군가 그 제물이 우상에게 바친 것이라며 신앙의 걸림돌이 되니 먹지 말라고 합니다. 이때 바리새인들이라면 생각도 못할 말을 사도 바울이 합니다.

> 내가 말한 양심은 너희의 것이 아니요 남의 것이니 어찌하여 내 자유가 남의 양심으로 말미암아 판단을 받으리요
> _ 고전 10:29

지금 우상 제물을 앞에 놓고 행한 그 일은 '우리 양심'의 문제가 아니라 그것을 '바라보는 사람의 양심' 때문에 행한 일입니다. 왜냐하면 그 일로 한 사람

텅 빈 경건

도 실족하지 않고 구원을 얻게 하려는 마음이 있기 때문입니다. 이런 결단과 행동은 그리스도인의 자유로 행한 것이기에 남의 양심으로 판단받을 이유가 없습니다. 우리의 자유와 양심은 하나님 앞에서 행한 것입니다. 사도 바울에게도 이러한 믿음이 있었습니다. 그 행위가 철저하게 하나님의 마음에 근거한 일이라는 것입니다.

거룩을 지옥으로 만드는 사람들

예루살렘 남쪽에 '힌놈의 골짜기'라 불리는 곳이 있습니다. 성지순례를 가서 숙소에 머물며 아내와 함께 예루살렘 온 지역을 걸은 적이 있습니다. 그러다 길을 잘못 들어서 내려간 곳이 '힌놈의 골짜기'였습니다.

본문 말씀에 나오는 '지옥'은 헬라어로 '게헨나', 히브리어로는 '게힌놈'입니다. 유대교에서는 최후의 심판을 받는 곳을 지옥이라고 생각했는데, 복음서에는 죽음 이후에 벌을 받는 곳을 지옥이라 말하고 있습니다.

당시 예루살렘 남쪽에 있던 '힌놈의 골짜기'는 죽은 시체를 버리는 곳이어서 그곳에서 최후의 심판이 있으리라 생각했습니다. '지옥의 자식'이란 바로 최후의 심판 때, 벌을 받는 곳에서 위선자들이 드러나게 될 것이라는 말씀입니다.

조금 깊이 "배나 더 지옥 자식"이 되게 한다는 말씀을 생각해 보길 원합니다. 왜 예수님은 바리새인과 서기관들에게 위선자라고 말씀하시며 질책하셨을까요? 그들은 늘 '거룩'을 추구했습니다. 그런데 거룩을 추구하는 것과 거룩해진다는 것은 다른 차원입니다. 이들은 '거룩'을 '지옥'으로 만들었습니다.

언젠가 제가 거룩에 대해 했던 말이 있습니다.

우리가 사람들 앞에서 거룩하게 보이려고 하면 '위선'이 되고, 사람들을 배려하지 않고 거룩을 자랑하면 '독선'이 된다.

성경을 읽는 것이 중요한 게 아니라, 성경 말씀대로 살아가는 것이 중요합니다. 이것이 신앙입니다.

위선과 독선이 왜 무서운가요?

사람들에게 상처를 주기 때문입니다. 상처로 끝나는 것이 아니라, 그 상처로 하나님을 떠나도록 만들기 때문입니다. 처음에 사람들은 거룩을 이야기하면 관심과 경외심을 갖습니다. 그런데 그 거룩이 위선과 독선으로 나타나면 분노하게 됩니다.

모두 바빠 일하는데 수요예배에 가야 한다며 퇴근하거나 불성실하게 일하면서 편법으로 근무수당을 타는 크리스천이라면 "교회 다니는 사람은 다 그러냐?"는 비웃음만 듣게 될 것입니다.

성경은 하나님의 속성을 '거룩'이라고 말씀하며, "내가 거룩하니 너희도 거룩하라"고 하십니다. 하나님을 믿는 사람도 바로 이 거룩을 추구합니다. 그러나 하나님의 거룩과 우리의 거룩이 일치하지 않는 것이 문제입니다.

거룩은 옳고 그름을 나누는 정의가 아닙니다. 거

룩은 거룩하지 못한 것을 판단하고 정죄하는 잣대가 아닙니다.

거룩은 거룩하지 못한 죄 가운데서 분명하게 드러나지만, 죄와 더러움을 하나님의 방식으로 다루어 나가는 것입니다.

하나님의 거룩하심 앞에서 우리의 죄가 드러납니다. 그러나 거룩의 목적은 죄를 드러나게 함이 아니라, 드러난 죄의 문제를 해결하고 하나님의 자녀 삼기 위한 것입니다.

이사야 6장은 유명한 이사야의 소명장입니다. 이사야가 하나님의 거룩하심 앞에 서게 됩니다. 무섭고 떨리는 마음으로 하나님 앞에 섰습니다. 그런데 그는 "화로다 나여 망하게 되었도다"(사 6:5)라고 고백합니다. 누가 하나님의 거룩하심 앞에서 당당하게 서 있을 수 있겠습니까? 그런데 하나님이 부젓가락으로 부정한 이사야의 입을 태우시고 정결케 하심으로 선지자가 되게 하십니다.

예수님이 베드로를 처음 만나시던 때도 동일한

텅 빈 경건

일이 일어났습니다. 베드로가 예수님을 그리스도로 인정하기 전까지는 두려움 없이 예수님 앞에 섰습니다. 그런데 예수님을 주로 시인하는 순간 두려웠습니다. 그래서 이렇게 말합니다. "주여 나를 떠나소서 나는 죄인이로소이다!"(눅 5:8). 두려워하는 베드로에게 주님이 말씀하십니다. "무서워하지 말라 이제 후로는 네가 사람을 취하리라"(눅 5:10).

분명히 알아야 할 것이 있습니다.

바리새인과 서기관들이 주장하는 '율법' 자체가 문제가 아니라, 그 율법으로 사람들을 정죄하며 그들을 죄책감에 살게 하는 것이 문제입니다. 하나님은 죄인인 우리를 천국 백성으로 삼고자 하시는데, 이들은 하나님의 자녀를 지옥의 자녀로 만들고 있으니 하나님의 마음이 얼마나 아프시겠습니까? 더욱 화나는 것은 이들이 아무것도 모르면 긍휼히 여기겠는데 하나님의 말씀을 알고, 지키고, 안다고 자부하기 때문입니다. 하나님의 마음을 왜곡하는 자들입니다. 그래서 하나님을 떠나게 하는 자들입니다.

종교 개혁자 루터(Martin Luther)가 어떻게 종교 개혁을 했는지 아십니까? 그가 하나님을 '발견'한 뒤에 종교 개혁을 합니다. 그 시대 사람들에게 하나님은 심판자요 파멸자였습니다. 그래서 늘 죄의 두려움에 떨며 살았습니다. 그런데 루터가 '긍휼하신 하나님', '은혜와 사랑이 많으신 하나님'을 발견한 것입니다. 그 하나님을 발견하고 오직 의인은 믿음으로 산다고 외치며 종교 개혁을 했습니다.

우리가 늘 조심해야 할 무서운 말이 있습니다.

"내가 그 사람(또는 하나님)을 잘 아는데,
너 같은 사람은 절대로 좋아하지도 용서하지도 않아.
내가 그 사람을 잘 아는데,
그 사람은 네가 실수한 것을 절대로 용납하지 않아.
내가 그 사람을 잘 아는데,
그분의 말씀을 어기면 끝나는 거야."

예수님이 질책하셨던 바리새인들은 율법을 핑계로 자신의 의무를 회피하는 자들이었습니다.

> 너희는 이르되 사람이 아버지에게나 어머니에게나 말하기를 내가 드려 유익하게 할 것이 고르반 곧 하나님께 드림이 되었다고 하기만 하면 그만이라 하고 _ 막 7:11

외식하는 바리새인들은 하나님께 예물을 드리면서도 정작 자신이 해야 하는 가장 소중한 일을 등한시했습니다. 무엇보다 하나님의 일을 위해 부모에 대한 의무를 소홀히 한 것이 아니라, 부모를 사랑하는 마음이 없어서 하나님을 '핑계'로 사용했습니다.

참 무서운 일입니다.

> 화 있을진저 외식하는 서기관들과 바리새인들이여 너희는 교인 한 사람을 얻기 위하여 바다와 육지를 두루 다니다가

생기면 너희보다 배나 더 지옥 자식이 되게 하는도다

_ 마 23:15

이들이 생각하는 교회 일과 하나님의 일이 있습니다. 그 일을 위해 바다와 육지를 오가며 최선을 다합니다. 그런데 정작 그들이 한 일들은 하나님의 일이 아니라, 핑곗거리에 지나지 않습니다. 하나님의 일을 가장하여 자신이 하고 싶은 일을 열심히 하고 있습니다. 그래서 그렇게 열심히 일하는 사람들이 스치고 지나간 자리는 그리스도의 향기가 아니라, 지옥의 악취가 납니다.

혹 누군가가 '내 마음'에 들지 않는다는 이유로 비난하거나 정죄한 일은 없는지 돌아봐야 합니다. 자녀를 향해, 부모를 향해, 목회자와 교인들을 향했던 비난의 화살이 사실은 나에게 향해야 하는 것은 아닌지 말입니다. 나의 열심과 기준이 아니라, 하나님의 마음이 어디에 있을까를 생각하고, 그게 복음으로 들어올 수 있다면 생명을 꽃피우지 않겠습니까.

텅 빈 경건

주님, 바리새인과 서기관들과 같이 우리에게도 더 나은 신앙을 위해 정한 규칙이 많습니다. 하나님을 향한 열정으로 만든 규칙들이 도리어 하나님을 가리는 우상이 되어 있지는 않은지 돌아봅니다. 하나님을 사랑하여 열심을 내던 지난날들이 도리어 훈장이 되지는 않았는지, 주님을 향한 기쁨으로 행하던 일들이 무거운 규칙과 율법이 되지는 않았는지 돌아봅니다.

"내가 거룩하니 너희도 거룩하라" 말씀하신 주님을 따라 내가 거룩한 사람이 되기 원합니다. 그러나 그보다 먼저 하나님의 거룩과 나의 거룩을 구별하게 하시고, 위선적인 나의 거룩을 제하게 하여 주소서. 올무와 같은 율법과 비판과 판단이 난무한 정죄를 전하며 지옥의 자식을 만드는 자가 되지 않게 하소서. 우리의 열심이 지옥의 자식을 만드는 일에 사용되지 않게 하소서. 아프게 느껴질지라도, 주님 말씀 따라 생명을 살리는 복음을 전하게 하소서. 오늘 하루, 나의 열심을 내려놓고 곁에 있는 사람들에게 그리스도의 향기를 전하는 자가 되게 하소서. 예수님의 이름으로 기도합니다. 아멘.

4. 헛된 맹세를

하는 자에게

16 화 있을진저 눈 먼 인도자여 너희가 말하되 누구든지 성전으로 맹세하면 아무 일 없거니와 성전의 금으로 맹세하면 지킬지라 하는도다 17 어리석은 맹인들이여 어느 것이 크냐 그 금이냐 그 금을 거룩하게 하는 성전이냐 18 너희가 또 이르되 누구든지 제단으로 맹세하면 아무 일 없거니와 그 위에 있는 예물로 맹세하면 지킬지라 하는도다 19 맹인들이여 어느 것이 크냐 그 예물이냐 그 예물을 거룩하게 하는 제단이냐 20 그러므로 제단으로 맹세하는 자는 제단과 그 위에 있는 모든 것으로 맹세함이요 21 또 성전으로 맹세하는 자는 성전과 그 안에 계신 이로 맹세함이요 22 또 하늘로 맹세하는 자는 하나님의 보좌와 그 위에 앉으신 이로 맹세함이니라

마태복음 23장 16-22절

전 세계에서 가장 많이 팔리는 음료는 두말할 것 없이 코카콜라입니다. 하루에 6억 잔 이상 소비된다니 놀랍습니다. 아무리 노력해도 2위는 늘 펩시콜라입니다. 미국에서 'Coke'과 'Pepsi'의 맛을 구분하는 '펩시 첼린지', 즉 'blind test'가 화제가 된 적이 있습니다. 그런데 테스트 결과 뜻밖에도 사람들이 맛있다고 압도적으로 선택한 음료가 펩시였습니다. 또한 코카콜라에 중독됐다는 사람 중 많은 사람이 펩시와 코카콜라를 구분하지 못했습니다.

이런 상상을 해봅니다.

사람들에게 콜라와 생수를 주면서 눈을 가리고 구별하라고 해봅니다. 너무나 쉽습니다. 무슨 의미인가요? 삶의 어려움은 구별하기 어려운 데 있다는 것입니다. 구별하기 힘든 것은 신앙도 마찬가지입니다. 예수님이 질책하시는 바리새인과 서기관들의 가르침 역시 우리가 유심히 구별하지 않으면 굉장히 유사

합니다.

이번 말씀은 '맹세'에 관한 것입니다. 어찌 보면 구별하기 힘든 '성전과 성전의 금', '제단과 제물'에 대한 맹세의 진정한 차이를 아느냐는 것입니다. 이 말씀은 예수님이 바리새인과 서기관들을 향해 꾸짖으신 세 번째 저주 선언문입니다. 여기서 '눈 먼 인도자'란 자신의 행실도 온전치 못하면서 사람들에게 자기를 따르라고 말하는 어처구니없는 자들입니다.

무엇이 더 중요한가 생각하라

제가 군대에 있으면서 참 많이 들었던 말이 있습니다.

"세상에서 가장 무서운 사람이 무식한데 용감한 사람이다!"

지도자가 방향을 제대로 모르면 그를 따르는 모든 사람이 힘들어집니다. 그런데 저는 요즘 그런 생각을 합니다.

"세상에서 제일 무서운 사람은 똑똑한데 의도적으로 나쁜 길로 인도하는 사람이다!"

무지로 인한 범죄는 용서와 연민의 여지가 있지만, 자신의 이득을 위한 의도적 범죄는 '화'가 있을 것입니다.

일부러 눈을 감고 잘못된 길로 인도하며 진리를 왜곡하는 '눈 먼 인도자'라면 심판과 화가 미칠 것입니다. 서기관과 바리새인들은 진리를 보지 않으려고 눈을 질끈 감은 채 사람들을 잘못된 길로 인도하고 있습니다. 그러므로 여기에서 "눈 먼 인도자여"라는 말씀은 눈이 멀어 사람들을 잘못 인도하는 어리석음의 문제가 아닙니다. 진리를 보지 않으려고 눈을 감아버린 악한 사람들에 대한 질책입니다. 자신도 진리에 눈이 멀면서 누구에게 진리를 말한다는 것입니까?

이들의 어리석음과 악함이 무엇인지 살펴보겠습니다.

화 있을진저 눈 먼 인도자여 너희가 말하되 누구든지 성전
으로 맹세하면 아무 일 없거니와 성전의 금으로 맹세하면
지킬지라 하는도다_ 마 23:16

"성전으로 맹세하면 아무 일 없거니와"의 의미를
NIV 성경은 이렇게 쓰고 있습니다.

···If anyone swears by the temple, it means nothing···
_ MAT 23:16, NIV

즉 성전을 놓고 한 맹세는 지키지 않아도 된다는
것입니다. 그러나 '성전의 금' 즉 성물이나 제물을 놓
고 맹세하면 반드시 지켜야 한다고 주장하는 악한 자
들이 있다는 것입니다.

이어서 예수님이 조금 더 구체적으로 지적하며
묻고 계십니다.

어리석은 맹인들이여 어느 것이 크냐 그 금이냐 그 금을

텅 빈 경건

왜 바리새인들이 이렇게 말하고 있을까요?

'성전'은 하나님의 몸이고 하나님이 거하시는 집입니다. 성소와 지성소 그리고 제단은 하나님을 상징하지만 이들에게는 별로 의미가 없습니다. 왜냐하면 성전에 대고 하는 맹세는 자신에게 이득이 없기 때문입니다. 예를 들어 이렇게 말할 수 있을 것입니다.

어떤 사람이 하나님께 기도합니다.

"하나님, 제가 맹세합니다. 성전에서 기도합니다. 저에게 자식을 주시고 이 문제를 해결해 주시면 하나님의 전에서 충성을 다하는 사람이 되겠습니다."

이 맹세는 성전을 지키고 관리하는 사람들에게 들어오는 어떤 이득도 없습니다. 그런데 이렇게 기도했다고 가정해 보겠습니다.

"하나님, 제가 맹세합니다. 이번 일만 잘되면 성전을 위해 헌금을 드리겠습니다. 이번 일만 잘 되면 정직한 십일조를 드리도록 하겠습니다. 아니, 하나님이 복을 허락하시면 이번 기회에 성전에 필요한 성물을 구입하도록 헌금하겠습니다."

이러한 맹세는 성전을 관리하는 사람들에게 경제적인 이득을 줍니다. 그러니 이러한 맹세를 꼭 지켜야 한다고 강조하며 가르치는 것입니다.

이런 사람들의 태도에 예수님이 물으십니다.

"무엇이 더 중요하냐?"

바리새인들은 성전보다 성전에 바친 금에 더 관심이 있는 자들이요, 예배의 대상인 하나님보다 하나님께 드린 제물에 눈이 먼 자들입니다. 그래서 이들은 하나님께 드리는 제물의 '값'에 관심이 많았습니다. 이들 관점에서 보면 신앙은 '친밀함'이 아닌 '경제적 조건'으로 좌우됩니다. 이들은 경제적인 조건으로 신앙을 보고 맹세를 보았습니다. 좋은 신앙의 잣대를 '얼마나 많은 돈을 성전에 드렸는가'를 보고 판단해야 한다는 것입니다.

예수님도 많은 비유를 통해 '돈'에 대해 말씀하셨습니다. 돈은 인격과 신앙, 사람과의 관계가 어떤지 분명하게 보여 주는 매개체입니다. 하지만 돈으로 친밀함을 증명하는 것과 진짜 친밀해서 돈을 쓰는 것은 다릅니다.

우리가 하나님께 헌금을 드릴 때, 돈의 양으로 신앙을 증명하는 것과 하나님과 친밀해서 헌금하는 것은 다른 차원입니다. 그러니 헌금은 '양'의 문제가 아니라 '질'의 문제입니다.

> 예수께서 눈을 들어 부자들이 헌금함에 헌금 넣는 것을 보시고 또 어떤 가난한 과부가 두 렙돈 넣는 것을 보시고 이르시되 내가 참으로 너희에게 말하노니 이 가난한 과부가 다른 모든 사람보다 많이 넣었도다_ 눅 21:1-3

예수님과 바리새인들이 생각하는 제물의 가치가 다릅니다. 바리새인들은 예배의 대상인 하나님보다 하나님께 드리는 제물에 관심을 가진 어리석은 자들이었습니다.

민수기 30장을 보면 하나님께 맹세했을 경우 반

드시 지켜야 한다고 말씀하십니다. 그런데 이들은 단지 돈을 두고 맹세한 것만 효력이 있다고 말합니다. 이들이 맹세 자체를 보기보다는 부의 축적 수단으로 삼았던 것은 아닐까요?

어떤 교회 성도가 저에게 메일을 보냈습니다.

자신이 오랫동안 다니던 교회에서 나왔다고 합니다. 이해되지 않는 일들이 교회에서 벌어진다고 했습니다. 예를 들어 이렇습니다. 목회자와 상담하려면 상담 내용에 따라 가격을 지불해야 한답니다. 목사님께 무엇을 부탁하려면 돈을 가져와야 한답니다. 기도를 받으려면 상황의 심각성에 따라 돈의 양이 달라진다는 것입니다. 이런 일들을 보자니 너무 힘들어서 교회를 나왔는데 무척 혼란스럽다고 했습니다.

예수님이 말씀하십니다.

"어리석은 자들이여!"

무엇이 중요한지 분명하게 알아야 합니다. 참 하나님의 성전은 돈을 통해 움직이지 않습니다. 하지만 성전에서 교권을 지키려는 제사장이나 목사에게 돈은 필요합니다. 그런데 신앙을 지키는 데 필요한 것은 돈이 아니라 하나님과의 친밀한 관계입니다.

예수님이 명확하게 말씀하십니다.

본질적으로 '하나님의 성전'에 바친 '제물과 금'이 가치 있다고 하십니다. 우리가 잘 구별할 필요가 있습니다. 교회도 돈이 필요합니다. 돈을 잘 써야 합니다. 그러나 그 돈이 성전에서 가장 중요한 가치를 차지한다면 타락하게 됩니다. 돈은 성전에서 중하게 여길 대상이 아니라 잘 사용해야 할 대상입니다. 헌금은 하나님의 나라를 위하여 쓰일 때 거룩한 예물이 됩니다. 아무리 많이 헌금해도 하나님의 뜻을 거스른다면 한낱 돈에 불과합니다. 이를 구분해 돈을 사용할 줄 알아야 합니다.

맹인들이여 어느 것이 크냐 그 예물이냐 그 예물을 거룩하게 하는 제단이냐 마 23:19

성 어거스틴(St. Augustine)이 말했습니다.

"우리가 분별해야 할 것이 있다. 돈은 사랑의 대상이 아닌 사용의 대상이고, 하나님만이 우리에게 사랑의 대상이어야 함을 분명하게 알아야 한다."

하나님을 사랑하기 때문에 바친 예물을 잘 사용할 때 의미가 있습니다. 돈을 사랑하는 교회, 돈을 사랑하는 그리스도인은 예수님의 질책을 받습니다.

맹세보다 중요한 것은 무엇인가?

그러므로 제단으로 맹세하는 자는 제단과 그 위에 있는 모든 것으로 맹세함이요 또 성전으로 맹세하는 자는 성전과 그 안에 계신 이로 맹세함이요 또 하늘로 맹세하는 자는 하나님의 보좌와 그 위에 앉으신 이로 맹세함이니라

_ 마 23:20-22

말씀에 견주어 보면 제단이나 제단 위에 있는 예물을 두고 맹세하는 것은 다 동일합니다. "성전으로

텅 빈 경건

맹세하는 자"는 사실 성전 안에 계신 하나님께 맹세하는 것입니다. "하늘로 맹세하는 자"는 하늘 위에 계신 하나님께 맹세하는 것입니다.

여기에서 우리는 한 가지 의문이 듭니다.

산상수훈에서 예수님이 맹세에 대하여 하신 말씀 때문입니다.

또 옛 사람에게 말한 바 헛 맹세를 하지 말고 네 맹세한 것을 주께 지키라 하였다는 것을 너희가 들었으나 나는 너희에게 이르노니 도무지 맹세하지 말지니 하늘로도 하지 말라 이는 하나님의 보좌임이요 땅으로도 하지 말라 이는 하나님의 발등상임이요 예루살렘으로도 하지 말라 이는 큰 임금의 성임이요 네 머리로도 하지 말라 이는 네가 한 터럭도 희고 검게 할 수 없음이라 오직 너희 말은 옳다 옳다, 아니라 아니라 하라 이에서 지나는 것은 악으로부터 나느니라_ 마 5:33-37

이 말씀을 가만히 묵상해 보면 엄격하게 맹세하

지 말라고 하시는 듯합니다. 그런데 본뜻은 하나님 앞에 인격적으로 맹세하고 지키라는 말씀을 반어적으로 하고 있습니다.

맹세하지 말라는 것은 물질에 대하여 비인격적이고 무책임한 맹세를 남발하지 말라는 뜻입니다. 비인격적인 '하늘'에 대해서도 쉽게 맹세하지 말라고 하십니다. 하나님이 창조하신 피조물인 '땅'을 두고도 맹세하지 말라고 하십니다. 예루살렘의 주인은 하나님이니 '예루살렘'을 두고도 맹세하지 말라 하십니다. 인간의 능력을 과신하며 '머리'로도 맹세하지 말라고 하십니다.

헛된 맹세를 하지 말고 옳으면 옳다, 아니면 아니라고 말하라는 것입니다. 중요한 것은 '맹세' 자체가 아닌, 진실하게 살려는 인격과 삶의 노력입니다. 진정 하나님과 인격적인 관계를 맺고 있다면 쉽게 맹세하거나 파기할 수 없을 것입니다.

1980~1990년대에는 대형집회가 많았습니다. 집회 때 "목회자나 선교사가 되실 분은 일어나세요"라

텅 빈 경건

고 말하니 많은 사람들이 서원하며 일어났습니다. 그런데 이런 서원을 감정적으로 해서는 안 됩니다. 쉽게 헌신하지 말라는 것입니다. 자녀를 놓고 서원해서 힘든 사람이 있을 수 있습니다. 감정이 식고 나니 올바른 서원인지 아닌지 헷갈릴 수 있습니다.

그런데 정말 하나님이 주신 마음이 뜨거워서 헌신하고 맹세했다면, 상황이 변했다고 쉽게 파기하지 말아야 합니다. 맹세를 지키기 위해 기도하고 발걸음을 내딛는 순간 하나님의 인도하심을 경험하게 됩니다. 그러니 쉽게 약속하지 말되, 약속한 것은 반드시 지켜야 합니다. 약속을 지키는 것은 큰 복입니다. 그 약속 가운데 있는 하나님의 인도하심을 확신하며 살기 때문입니다.

히스이 고타로의 저서 《하루 한 줄 행복》에는 "하면 좋다고 생각하는 일을 실제로 행동으로 옮기는 순간 '지식'은 '지혜'가 된다"는 말이 나옵니다. 이 책을 읽다 생각했습니다.

맹세하는 바리새인들의 모습 가운데 생각만 하고

행동하지 않는 사람의 모습이 있다고 말입니다. 그러니 아무리 말씀과 율법을 알아도 변하지 않는 것입니다.

'위선'은 알면서도 행하지 않는 것입니다. 지식은 결코 그들의 인생을 지혜롭게 하지 않습니다. "화 있을진저"라는 말씀을 묵상하는 가운데, 주님께서 그들을 저주하는 것이 아니라 어쩌면 그렇게 살아가는 그들의 삶 자체가 '화'가 아닐까 하는 생각을 하게 됩니다.

우리의 유일한 경쟁력은 복음으로 사는 것

본문 말씀은 제물에서 성전으로, 성전에서 하늘로 옮겨지며 점진적으로 설명하고 있습니다. 제단이 중요한 것은 제단을 주관하는 분이 계시기 때문입니다. 우리가 제단에 제물을 드릴 때 그 안에 계시는 하나님을 생각해야 합니다. 성전이 중요한 것은 그 성

텅 빈 경건

전의 주인이신 하나님이 계시기 때문입니다. 그러므로 성전에서 드리는 예배와 하나님께 드리는 서원은 그 성전에 계시는 하나님께 고백했기 때문에 중요합니다. 하늘이 중요한 것은 모든 만물의 주인이신 하나님의 보좌가 그 하늘에 있어서입니다. 하늘에 대고 한 맹세라면 결코 헛되지 않습니다. 맹세를 들으시는 하나님 때문에 지켜야 합니다.

우리 인생이 하나님 중심으로 바라보기 시작할 때 얼마나 진지하고 진실해질 수 있을까요? 하나님 중심으로 살 때 복음으로 살고, 하나님 중심을 벗어나면 복음을 벗어나게 됩니다.

우리는 서로 믿을 수 없는 세상에서 살고 있습니다. 살면서 '안전장치'가 있어야 한다고 말합니다. 사람의 말과 약속을 믿을 수 없기 때문이죠. 도우미에게 자녀를 맡겨 놓은 부모는 몰래 카메라로 감시합니다. 회사에서도 상사와 대화하는 중에 직원이 몰래 녹음기를 켜 놓는다고 합니다. 도무지 믿을 수 없는 세상이 되어 버렸습니다.

지금 이 시대를 살아가며 믿을 수 없는 게 많다는 것이 가장 마음 아픕니다. 언론도, 성직자도, 정치가도 믿을 수 없는 세상이 되었습니다. 정직한 자를 보는 것이 쉽지 않습니다. 물질이나 권력이 중심이 되면 그것 때문에 자신의 말을 뒤집습니다. 손해보지 않으려는 마음이 삶을 부정직하게 만듭니다. 모두 자신의 이익을 위해 쉽게 말을 바꾸는데 누가 이 나라를 지키는 사람이 되겠습니까?

제가 〈국민일보〉에 "정직이 경쟁력이다"란 제목으로 기고한 칼럼 일부입니다.

> 형통함이란 손해 보지 않는다거나 편안하게 살 수 있다는 말이 아니다. 형통함이란 손해를 보더라도 하나님의 방식대로 사는 것이 의롭고 하나님의 뜻임을 믿는다는 말이다. 정직한 삶에는 때로 고난이 찾아온다. 시간이 걸린다. 하지만 가장 올바른 태도다.

우리는 하나님 앞에 설 때 정직해집니다. 돈이나

권력 때문에 말을 바꾸지 않습니다.

본문 말씀은 하나님 앞에서 하나님 중심적인 인격으로 삶을 바라보도록 우리를 인도합니다. 하나님은 거짓되게, 무책임하게 맹세를 남발하는 사람이 아니라 자신이 한 말을 지키는 신앙인이 되라고 가르칩니다. 아마도 지금 이 시대를 살아가는 우리에게 주시는 가장 큰 교훈이 아닐까 생각합니다. 주님의 말씀이 세상의 소망이 될 수밖에 없는 이유가 여기 있습니다.

저는 우리의 유일한 경쟁력은 복음으로 사는 것이라고 믿습니다. 그런데 복음이 힘들고 아픕니다. 복음을 살아 내는 것이 결코 쉽지 않습니다. 하나님 앞에서 진실하고, 하나님 앞에서 말한 것을 지키려는 사람들이 많아져야 이 세상이 달라질 것입니다.

나를 살리는 기도

주님, 주님 앞에 진실한 삶이 되게 하소서. 어리석은 자가 되지 않게 하소서. 생각과 말은 번지르르하면서도 그것이 행동으로 드러나지 않는 나의 신앙을 고백합니다. 이제껏 돈이나 나의 이익이 주인이신 하나님보다 앞선 삶을 살았음을 고백합니다.

나의 만족과 유익, 세상의 가치로 더 이로운 것이 무엇인지 따져 묻기 이전에 먼저 예배 받으시기 합당하신 하나님을 사랑하는 삶이 되게 하소서. 교회를 넘어 만물의 주인이신 하나님 앞에 진실한 말과 행동, 거룩한 삶으로 경배하게 하소서. 하나님의 자녀로서 아버지 앞에 설 때 무엇이 중요한지 알 수 있는 지혜를 주시고, 그것을 행할 수 있는 용기를 주소서. 그리하여 주님 기뻐하시는 자녀의 삶을 살게 하소서. 진실하신 하나님을 닮아 더욱 진실한 삶을 드리게 하소서. 그리하여 믿음의 결실을 맺게 하소서.

힘들지라도 오늘 주시는 말씀을 통해 내 삶의 중심이신 하나님을 바라보며 복음으로 살게 하소서. 복음으로 살아내기 위해 아프고 고통스러운 나의 삶이 거름이 되어, 많은 믿음의 지체들의 마음에 복음으로 살아낼 수 있는 결단이 세워지게 하소서. 예수님의 이름으로 기도합니다. 아멘.

하나님은 거짓되게,

무책임하게

맹세를 남발하는 사람이 아니라

자신이 한 말을 지키는

신앙인이 되라고 가르칩니다.

우리의 유일한 경쟁력은

복음으로 사는 것입니다.

5.   더 중요한 것을

버린 자에게

23 화 있을진저 외식하는 서기관들과 바리새인들이여 너희가 박하와 회향과 근채의 십일조는 드리되 율법의 더 중한 바 정의와 긍휼과 믿음은 버렸도다 그러나 이것도 행하고 저것도 버리지 말아야 할지니라 24 맹인 된 인도자여 하루살이는 걸러 내고 낙타는 삼키는도다

마태복음 23장 23-24절

"화 있을진저"라는 네 번째 저주 선언문입니다. "화 있을진저"를 예수님이 일곱 번 반복해서 말씀하시는 데는 이유가 있을 것입니다. 어쩌면 새로운 말씀이기보다 우리가 알아야 할 말씀을 다시 한번 강조하고자 하시는 것 같습니다.

바리새인과 서기관들은 율법을 지키기 위해 많은 규칙을 만들었습니다. 그런데 그렇게 선한 의도로 수없이 많은 규칙을 만든 이들이 어리석은 사기꾼으로 보이는 이유는 무엇일까요?

만나교회 묵상 팀과 함께 나눴던 이야기가 있습니다.

대한민국은 삼권이 분립된 나라입니다. 국회에서는 법을 만드는 '입법' 기능을 합니다. 그런데 막상 국회의원들에 관한 기사를 읽다 보면 법을 잘 지키는 사람들이라는 생각이 들지 않습니다. 오히려 탈법과 위법이 난무합니다. 묵상 팀의 한 집사님이 이런 말을 했습니다. "국회는 법을 만드는 곳이지 지키는 곳은 아니죠." 법을 잘 지키지 않는 이유는 무엇일까요? 진정으로 그 법을 만든 취지를 공감하지 못하거나, 그 법의 정신을 모르기 때문입니다.

다른 예를 들겠습니다. 공무원들은 나라를 위해 지켜야 하는 규칙이 참 많습니다. 혹시 하나라도 어기면 어떤 불이익이 돌아올지 모릅니다. 그래서 최대한 안전한 선에서 일하려 합니다. 일반화할 수는 없겠지만 공무를 잘 수행하라고 만든 규칙이 오히려 공무원들이 적극적으로 선을 행하지 못하도록 만들기도 합니다. 안타깝게도 '공무원스럽다'는 말은 자기자리를 잘 지키기 위해 사명을 잃어버렸다는 말로도 회자됩니다.

아무리 규칙을 많이 만들어도 그 규칙이 사람을 선하게 만들지는 못합니다. 그래서 법을 만들고 법으로 규제하려 하지만 그 방법은 삶을 더 고달프게 만들 뿐입니다.

바리새인과 서기관들도 그랬습니다. 이들은 율법

텅 빈 경건

을 잘 지키는 사람이 되기 위해 사소하고 세분화된 규정과 전통을 만들었습니다. 그러나 어느 순간부터 율법을 만든 이유와 율법을 지켜야 하는 근본 정신에는 무관심한 자들이 되어 버렸습니다.

어느 교회에서 있었던 일입니다.

목사님이 교회에 새로 부임해서 새벽 예배를 인도하는데 이해할 수 없는 전통이 있었답니다. 늘 반주자가 선택한 곡을 불러야 했다는 것입니다. 이상한 생각이 들어 왜 예배 시간에 설교자가 찬송을 선택하지 못하는지 물었습니다. 그러자 교인들이 "오래전부터 내려오던 전통"이라고 말했답니다. 예전에 반주자가 없어서 실력이 좀 부족한 분에게 부탁했는데, 그분을 배려하는 차원에서 담임 목사님이 그분이 연습한 곡만 불렀다는 겁니다. 현재 반주자는 분명 실력이 있습니다. 더 이상 그 전통을 지킬 필요가 없습니다. 그때 그 선한 의도로 반주자를 배려했던 마음은 사라져 버리고, 꼭 지켜야 하는 전통주의의 율법만 남은 것입니다.

'십일조'는 그 기원이 족장 시대로 거슬러 올라갑니다. 아브라함이 조카 롯을 구하기 위한 전쟁에서 승리한 후 멜기세덱에게 십분의 일을 주었습니다.

> 너희 대적을 네 손에 붙이신 지극히 높으신 하나님을 찬송할지로다 하매 아브람이 그 얻은 것에서 십분의 일을 멜기세덱에게 주었더라_ 창 14:20

그 다음은 야곱이 아버지 이삭과 형 에서를 속이고 도망가는 길에 벧엘에서 하나님을 만나 제단을 쌓은 후 소유의 십분의 일을 드리겠다고 서원했습니다.

> 내가 기둥으로 세운 이 돌이 하나님의 집이 될 것이요 하나님께서 내게 주신 모든 것에서 십분의 일을 내가 반드시 하나님께 드리겠나이다 하였더라_ 창 28:22

이런 십일조 신앙은 모세의 계명에서 구체적으로 제도화됩니다.

> 그리고 그 땅의 십분의 일 곧 그 땅의 곡식이나 나무의 열매는 그 십분의 일은 여호와의 것이니 여호와의 성물이라
> _ 레 27:30

십일조는 하나님과의 관계에서 드리는 감사 고백과 그의 삶이 하나님의 것임을 인정하는 믿음의 행위에서 나왔습니다. 내가 가진 것이 하나님으로부터 왔다는 믿음의 고백입니다. 또 십일조의 근본 취지는 첫째, 자신의 소유에 대한 전적인 하나님의 주권 인정과 둘째, 이웃 사랑(구제) 및 성전 운영이었습니다.

그런데 믿음의 행위로 자발적으로 드리던 십일조가 율법의 행위로 바뀌기 시작했습니다. 바리새인들은 자발적인 사랑의 예물이 아닌 강제 의무 규정으로 고착화했고, 이를 유대인 됨과 율법 완수자 됨의 규준(規準)으로 삼았습니다.

화 있을진저 외식하는 서기관들과 바리새인들이여 너희가

박하와 회향과 근채의 십일조는 드리되…_ 마 23:23

'박하'(mint)는 독특한 향을 내는 채소로 유월절에
쓴 나물의 양념으로 쓰였습니다. 또 그 향은 회당의
방향제로도 쓰였습니다. '회향'과 '근채'는 미나리과
에 속한 향기로운 식물들입니다. 외관이 비슷해 구분
하기 어려운 이 두 식물은 용도 또한 비슷합니다. 주
로 양념의 향을 내는 데 사용했으며 '근채'는 약용으
로 쓰기도 했습니다. 이 식물들은 직접 재배하거나
야생에서 쉽게 구할 수 있는 흔한 수확물입니다. 바
리새인들이 이렇게 작고 흔한 식물에 대해서도 십일
조를 철저하게 적용했으니, 얼마나 율법을 세세하게
적용하여 규례를 지켰는지 알 수 있습니다.

중요한 것은 문맥으로 볼 때 예수님이 이렇게 철
저하게 율법을 지키는 바리새인들을 질책하는 게 아
니었다는 것입니다.

텅 빈 경건

화 있을진저 외식하는 서기관들과 바리새인들이여 너희가
박하와 회향과 근채의 십일조는 드리되 율법의 더 중한 바
정의와 긍휼과 믿음은 버렸도다 그러나 이것도 행하고 저
것도 버리지 말아야 할지니라_ 마 23:23

예수님은 십일조 자체를 부정하시지 않습니다.
하나님이 왜 '십일조'를 하라고 하셨는지 율법의 마
음을 버린 것이 문제입니다. 여기서 "더 중한 바"는
더 무겁거나 힘든 일이 아니라 지엽적이거나 사소한
일과 대조되는 '더 중요한 일'을 가리킵니다. 더 중
요한 "정의와 긍휼과 믿음"을 버린 것이 문제입니다.
'정의'는 영어로 'justice', 'righteousness'이며, 이는 종
말론적 심판에서 나타나는 정의일 수 있습니다. 여기
서 말하는 '의'는 우리 삶의 실천적인 측면에서 발생
하는 '인간관계'의 올바름을 뜻하는 것은 아닐까요?
바리새인들은 철저하게 율법을 지키려고 깨진 인간
관계는 신경 쓰지 않았습니다. 하나님과의 관계도 신
경 쓰지 않았습니다.

자신의 십일조를 자랑하기 위해 누군가에게 피해를 주는 행위를 했다면 어떨까요? 십일조는 지키면서 정당하게 내야 하는 세금을 탈세했다면 어떨까요? 십일조를 내기 위해서 남에게 빌린 돈을 갚지 않고 자신의 의를 자랑한다면 어떨까요?

그렇다면 그는 인간관계의 올바른 정의를 깨뜨린 것입니다.

하나님이 그러한 우리에게 말씀하십니다. 너희가 박하와 회향과 근채의 십일조는 지키되 정의와 긍휼과 믿음을 잃어버렸다고. 무엇이 중요한지를 알아야 한다고 말입니다.

'긍휼'이란 쉽게 말해서 '자비'(mercy)입니다. 자비는 두 가지가 있습니다. 하나는 하나님이 사람들에게 베푸시는 자비고, 다른 하나는 사람이 사람에게 베푸는 자비입니다. 그리고 이 자비는 하나님과의 관계와 밀접한 연관이 있습니다.

하나님의 자비를 경험한 자가 다른 누군가에게 자비를 베풀 수 있습니다. 누군가를 용서하지 못하고

텅 빈 경건

자비를 베풀지 않는 사람은 하나님의 자비를 구할 자격이 없다고 말씀하십니다.

사실 우리가 드리는 헌금이 하나님의 자비하심에 대한 응답이라면, 자비를 잃어버린 십일조와 헌금은 내용 없는 빈껍데기에 불과할 것입니다. 그러므로 늘 깨어 기도하며 '우리가 하는 행동 가운데 하나님의 자비하심이 있는가?'를 되돌아봐야 합니다.

율법을 주신 이유는 무엇인가

믿음 역시 자비와 마찬가지로 두 가지 차원에서 존재한다고 봅니다.

첫째, 우리가 하나님을 믿는 믿음입니다.

'믿음'이란 말 그대로 하나님에 대한 신뢰를 말합니다.

믿음이 없이는 하나님을 기쁘시게 하지 못하나니 하나님께

나아가는 자는 반드시 그가 계신 것과 또한 그가 자기를 찾

는 자들에게 상 주시는 이심을 믿어야 할지니라_ 히 11:6

예배드리면서 나와 함께하시는 하나님을 믿는다

는 고백을 하나님이 기뻐하십니다.

둘째, 우리를 믿어 주신 하나님에 대한 우리의 신

뢰입니다.

하나님에 대한 믿음도 중요하지만 더 중요한 것

은 부족한 우리를 믿어 주신 하나님에 대한 우리의

신뢰가 아닐까요?

우리를 자녀 삼아 주시고, 신뢰하시는 하나님을 믿

을 때 믿음의 행위가 우리에게서 나타나는 것입니다.

이 두 가지 믿음이 공존해야 우리의 행위가 온전해

질 수 있습니다. 그러므로 이 믿음이 사람과의 관계에

도 연결되어야 합니다. 그래서 시편 기자는 하나님의

장막에 거할 자의 조건을 이렇게 노래하고 있습니다.

여호와여 주의 장막에 머무를 자 누구오며 주의 성산에 사

텅 빈 경건

는 자 누구오니이까 정직하게 행하며 공의를 실천하며 그
의 마음에 진실을 말하며 그의 혀로 남을 허물하지 아니하
고 그의 이웃에게 악을 행하지 아니하며 그의 이웃을 비방
하지 아니하며 그의 눈은 망령된 자를 멸시하며 여호와를
두려워하는 자들을 존대하며 그의 마음에 서원한 것은 해
로울지라도 변하지 아니하며 이자를 받으려고 돈을 꾸어
주지 아니하며 뇌물을 받고 무죄한 자를 해하지 아니하는
자이니 이런 일을 행하는 자는 영원히 흔들리지 아니하리
이다_ 시 15:1-5

두 가지 믿음이 온전히 만나야 행위가 온전해질
수 있습니다. 그러나 서기관과 바리새인들은 이 중요
한 "정의와 긍휼과 믿음"을 버렸습니다.

NIV 성경에 보니 그 부분이 이렇게 나와 있습니다.

…But you have neglected the more important matters of
the law--justice, mercy and faithfulness …_ MAT 23:23, NIV

'버렸다'(neglected)는 말은 '하찮게 여겨 무시했다'는 말입니다. 하찮은 것까지도 지키려는 노력이 잘못된 게 아니라, 정작 중요한 정의와 자비와 믿음을 하찮게 여기는 게 잘못입니다.

이 말씀은 마태복음 5장 17절과 같은 맥락에서 이해되어야 할 것입니다.

> 내가 율법이나 선지자를 폐하러 온 줄로 생각하지 말라 폐하러 온 것이 아니요 완전하게 하려 함이라_ 마 5:17

공동번역에서는 이렇게 표현하는데 적절한 번역인 것 같습니다.

> …십분의 일세를 바치는 일도 소홀히 해서는 안 되겠지만 정의와 자비와 신의도 실천해야 하지 않겠느냐?
> _ 마 23:23, 공동번역

예수님의 말씀을 보면서 종종 느끼지만 참 위트

있게 비유로 잘 말씀하시는 듯합니다. 이들의 잘못을
지적하는 예수님의 말씀에서 웃음이 나옵니다.

맹인 된 인도자여 하루살이는 걸러 내고 낙타는 삼키는도
다_ 마 23:24

《메시지》 성경이 이 부분을 아주 잘 묘사하고 있
습니다.

…처음부터 끝까지 다 틀려먹은 인생 이야기를 쓰면서 시
시콜콜 맞춤법과 구두점을 따지고 있으니, 너희 꼴이 얼마
나 우스운지 알기나 하느냐?_ 마 23:24, 메시지

하루살이와 낙타가 등장하면서 이 말씀이 비유적
이고 상징적이면서 과장된 표현이 되었습니다. 예수
님 당시 청중에게 이 말씀이 훨씬 더 생생하게 와 닿
았을 것입니다.
하루살이 곤충은 팔레스타인 기후에서 가장 흔하

고 조그만 것으로 여겨집니다. 이 하루살이는 이스라엘 사람들이 늘 먹는 '담근 포도주통'에 몸을 던지곤 합니다. 유대인들은 종교적으로나 음료로 포도주를 사용하기 위해 채로 걸렀다고 합니다. 혹시 무의식으로라도 부정한 것을 먹을까 염려했기 때문입니다.

> 오직 날개가 있고 기어다니는 곤충은 다 너희가 혐오할 것
> 이니라_ 레 11:23

그래서 눈에 잘 보이지 않는 하루살이라도 걸러내려고 애쓰는 이들이 율법주의자들이었습니다.

약대는 팔레스타인에서 가장 몸집이 큰 짐승입니다. 낙타 역시 율법에 따르면 먹을 수 없는 부정한 음식입니다.

> 새김질하는 것이나 굽이 갈라진 짐승 중에도 너희가 먹지
> 못할 것은 이러하니 낙타는 새김질은 하되 굽이 갈라지지
> 아니하였으므로 너희에게 부정하고 _ 레 11:4

텅 빈 경건

위선적인 바리새인들은 작은 죄는 걸러 내지만 정작 커다란 탐심과 육체적 향락은 삼켜 버렸습니다. 율법이 주어진 이유는 작은 죄를 걸러 내기 위함이 아니라, 하나님이 우리를 부르신 그 부르심에 합당한 삶을 살아가기 위한 것입니다.

신앙이 있어서 교회가 있다

크리스천 스쿨은 정해진 규정이 많습니다. 저도 미션스쿨을 다녔습니다. 채플 예배를 드리면 선생님이 몽둥이를 들고 다니면서 아이들을 조용히 시켰던 기억이 납니다. 예배 시간에는 조용히 하는 게 맞습니다. 자세를 똑바로 해야죠. 그러나 몽둥이를 들고 다니는 선생님의 마음속에 믿음과 긍휼이 있었는가는 다른 차원의 문제입니다. 당시 예배를 드렸던 아이들에게 어떤 마음이 있었을까요. 하나님을 사랑해서 예배를 드린다는 마음이 정말 있었을까요?

어떤 유명한 크리스천 기업에 다니는 젊은이의 고민입니다. 그 회사에 들어갔을 때 너무 기뻤답니다. 매일 아침마다 큐티 하는 회사가 얼마나 되겠습니까? 그런데 얼마쯤 다니다 보니 회의가 들었습니다. 이윤도 창출해야 하니, 생산자와 중간 상인을 짜내야 합니다. 욕심을 채우고자 이용하려 드니 이런 갈등 사이에서 힘들 수밖에 없습니다. 정말 좋은 기업이 무엇인지 고민하다가 결국은 그 회사를 나오고 말았습니다.

우리는 종종 십자가를 걸어 놓고 장사하는 사람, 크리스천 정신으로 기업을 한다는 사람, 매주일 모든 직원이 모여서 예배드리는 사업장을 봅니다. 그런데 정작 중요한 것은 행위가 아니라 그 기업이 어떤 가치를 추구하느냐, 혹은 하나님의 모습이 보이느냐가 아닐까요? 행위와 우리 삶 가운데 아버지 마음이 있는가를 고민해야 합니다. 그런 면에서 보면 교회도 마찬가지입니다. 하나님의 사역을 감당하기 위해 만들어진 교회 공동체가 좀 더 효율적으로 하나님의 일

텅 빈 경건

을 하기 위해 탈법, 위법, 착취 같은 일들을 행한다면 어떻겠습니까.

정말 중요한 것이 무엇일까요?

교회에도 참 많은 규정이 계속 생겨납니다. 법적으로 문제 되지 않는 조문을 만들고 지킵니다. 교회에서 하나님의 일을 한다면서 정작 일하는 사람들의 인권이 무시되기도 합니다. 그 규정을 지키느라 정의와 긍휼과 믿음을 다 내던져 버리는 것은 아닌지 생각하게 됩니다.

청소년부 수련회에서 종종 담배 피는 아이들이 걸리곤 합니다. 그럴 때 어떤 생각을 합니까? '저런 아이는 하나님도 포기할 거야.' '문제야. 다른 아이들까지 물들면 안 되는데…' 하며 그 아이들을 정죄와 혐오의 눈으로 보진 않습니까?

교회는 지켜야 할 것과 선을 가르치는 곳이 아닙니다. 하나님 안에서 새로운 존재가 될 수 있느냐를 가르치는 곳입니다. 새로운 존재가 되는 것이 바로 복음입니다. 올바른 행동을 가르치는 것이 잘못이 아니라, 올바른 '사람'이 되지 못하면 올바른 '행위' 자체가 불가능하다는 것입니다. 예수님도 우리에게 'to do'(무엇을 하는가)보다 'to be'(어떤 사람이 되는가)를 말씀하고 계십니다.

일본의 기독교 사상가 우치무라 간조는 말했습니다. "교회는 원인이 아닌 결과입니다."

꼭 기억하십시오. 교회가 있어서 신앙이 있는 것이 아니라 신앙이 있어서 교회가 있습니다. 이것을 혼동하면 서기관과 바리새인 같은 사람이 되는 것입니다.

화 있을진저 외식하는 서기관들과 바리새인들이여 너희가 박하와 회향과 근채의 십일조는 드리되 율법의 더 중한 바 정의와 긍휼과 믿음은 버렸도다 그러나 이것도 행하고 저 것도 버리지 말아야 할지니라_ 마 23:23

우리의 모든 규칙을 버리라는 것이 아니라 규칙을 지키는 본래의 마음을 잃지 않도록 하라는 것입니다.

어릴 때 불렀던 동요를 흥얼거리다가 문득 이런

생각이 들었습니다.

깊은 산 속 옹달샘 누가 와서 먹나요.
새벽에 토끼가 눈 비비고 일어나 세수하러 왔다가
물만 먹고 가지요.
《깊은 산 속 옹달샘》 동요 중)

토끼는 왜 세수하러 왔다가 물만 먹고 갔을까요?
거창하게 생각하면 '세수'라는 목적으로 왔다가 '목
마름'이라는 자기 욕구만 채우고 돌아간 것이 아닐까
요? 하나님이 왜 부르셨는지를 잃어버린 채 내 만족
을 채우고 이것을 믿음이라 여기고 돌아간다면 어떻
게 될까요? 정말 중요한 정의와 긍휼과 믿음은 잊어
버리고, 아주 작은 것에 대한 십일조만 드리는 모습
이 마치 세수하지 않고 물만 먹고 돌아간 토끼와 같
다는 생각이 들었습니다.

하나님 믿는 것이 참 힘듭니다.

그런데 가만히 생각해 보면 여기에는 아주 명확

한 가이드 라인이 있습니다.

규칙을 지키기 위해 정의와 긍휼과 믿음을 버리는 것이 아니라, 정의와 긍휼과 믿음을 지키기 위해 율법과 규칙이 있다는 것을 잊지 않고 기억하면 됩니다.

우리 신앙 가운데 정작 중요한 것은 무엇일까요?

아들과 며느리, 자녀들에게 주일을 지키라고 하면서 하나님의 사람으로 살아가는 법을 무시하는 것은 아닌지 돌아봐야 합니다. 오늘도 우리가 지키려고 노력하는 것들이 하나님 앞에서 얼마나 중요한지, 반대로 쉽게 무시하는 일들이 과연 하나님 앞에서도 그렇게 하찮은 것인지를 생각해 보면 좋겠습니다.

주님, 우리에게 주어진 많은 전통 아래 담겨 있는 주님의 마음을 생각합니다. 말씀을 통해 전해지는 전통이 우리에게 괴로움과 부담을 주기 위하여 존재하는 것이 아니라 하나님의 자비하심과 사랑의 표현임을 다시 한번 기억합니다.

주님, 나에게 베푸신 주의 자비를 기억하며 나도 오늘 하루 많은 이들에게 자비로운 자가 되기를 소원합니다. 주를 향한 나의 믿음과 나를 향한 주의 믿음이 온전히 만나, 작은 것에도 긍휼과 자비를 베풀 수 있는 여유로운 마음을 갖게 하소서. 인간의 판단으로 작은 것에도 하나님의 뜻과 섭리가 녹아 있음을 깨닫는 통찰을 주소서.

내 생각과 착각으로 하나님의 생각을 놓치는 어리석음을 범하지 않게 하소서. 주의 자녀로 살아가는 데 가장 중요한 것이 무엇인지 끊임없이 고민하게 하시고, 고민 속에서 하나님의 흔적을 발견하게 하소서. 그리하여 붙들어야 할 것을 붙들 수 있게 하시고 하나님의 자녀로서 주어진 새로운 삶을 만끽하는 하루가 되게 하소서. 예수님의 이름으로 기도합니다. 아멘.

6.   겉만 깨끗한

자에게

25 화 있을진저 외식하는 서기관들과 바리새인들이여 잔과 대접의 겉은 깨끗이 하되 그 안에는 탐욕과 방탕으로 가득하게 하는도다 26 눈 먼 바리새인이여 너는 먼저 안을 깨끗이 하라 그리하면 겉도 깨끗하리라

마태복음 23장 25-26절

예수님은 이번에도 외식하는 서기관과 바리새인들에게 화가 있으리라고 질책하십니다. 이들의 외식은 잔과 대접의 '겉'은 깨끗한데, '속'이 더럽고 썩은 것입니다. 겉과 속이 다른 것이 외식입니다. 겉보기에는 잘 모르겠는데 속은 탐욕과 방탕이 가득합니다. 우리는 눈에 보이지 않는 속을 잘 보지 못합니다. 그래서 사람 앞에서 얼마든지 포장할 수 있습니다. 그런데 하나님 앞에서 이 모든 것이 드러나는 게 얼마나 두려운 일인지 모릅니다.

만나교회의 한 집사님 이야기입니다.

C채널 프로그램 〈힐링토크〉에 나온 박종호 장로의 간증을 보았다.

그는 2016년 간암 말기를 선고받았으나 딸의 간이식을 통해서 현재 건강을 모두 회복한 상태다. 사람들이 "하나님이 어떻게 쓰시려고 이런 시련을 주시냐"며 안타까워 했다고 한다. 그런데 그는 그 말을 들으면 웃음이 나온다고 했다. 왜냐하면 이 병의 원인은 하나님이 아닌 온전히 자기 탓이기 때문이다. 그는 자신의 병이 몸은 생각하지 않고 엄청나게 먹어서 생긴 결과란다. 하나님이 시련을 주신 것도 아니고, 똥통에 빠진 자신을 하나님이 건져 주신 거라고 말했다.

그 말을 듣고 보니 내가 아픈 것(13년째 신장 투석 중)도 내가 몸 관리를 제대로 못 해서 생긴 일이다. 박종호 장로의 말처럼 하나님이 나를 건져 주신 것이다. 그런데 나는 그동안 정작 그 원인이 나의 잘못이라고 생각하지 못했다. 오히려 하나님을 원망하기만 했다.

남들은 모르지만 '나' 자신은 잘 알고 있습니다. 사실 지금 우리 삶을 모든 사람에게 백주대낮에 드러내면 부끄러운 모습이 얼마나 많겠습니까?

2018년 개봉작 중에 〈완벽한 타인〉이라는 영화가 있습니다. 줄거리가 이렇습니다.

오랜만에 40년 지기 초등학교 동창들이 커플로

모였습니다. 그 중 한 명이 게임을 제안합니다. 각자의 휴대폰을 테이블 위에 올려 두고 통화 내용부터 문자와 이메일까지 모두 공유하자고 한 것이죠. 흔쾌히 게임을 시작하지만 휴대폰에 담긴 비밀이 들통나면서 전혀 예상치 못한 결말로 흘러갑니다. 영화 속 7명의 친구들은 적게는 하나씩, 많게는 여러 개의 비밀이 있었습니다. 다른 사람에게 했던 뒷담화, 아직 배우자에게 말하지 않은 문제 등 비밀은 더 이상 남일이 아니었습니다.

아마도 영화를 감상하는 관객들은 세대 불문 자연스럽게 자신의 휴대폰에 있는 메시지와 SNS, 누군가와의 통화 내용을 연상할 것입니다. 아주 일상적인 저녁 식사로 시작해 파격적으로 전개되는 이 영화는 '진정한 인간관계는 무엇인가?'에 대한 메시지를 던져 줍니다. 인간의 이중성, 겉과 속이 다름을 잘 보여주는 영화라고 생각합니다.

이 영화 속 대사가 인상적입니다. "사람들은 누구나 세 개의 삶을 산다. 공적인 하나, 개인적인 하나,

그리고 비밀의 하나".

깨끗한 그릇이 쓰임받는다

화 있을진저 외식하는 서기관들과 바리새인들이여 잔과
대접의 겉은 깨끗이 하되 그 안에는 탐욕과 방탕으로 가득
하게 하는도다 마 23:25

바리새인들은 "잔과 대접"을 정결 예식에서 사용
합니다. 정결 예식에 사용하는 잔과 대접을 깨끗하게
하는 이유는 무엇일까요? 그 대접이 중요해서가 아
니라, 그 안에 제물로 드리는 음식을 담기 위함이지
요. 무엇보다 그릇 안쪽을 깨끗하게 하는 것이 중요
합니다.

그런데 바리새인들은 '내용물'에는 관심이 없습
니다. 내용물은 기울이거나 뒤집어 놓기 전에는 보이
지 않으니 말입니다. 그런데 말씀을 보니 그릇 안에

텅 빈 경건

"탐욕과 방탕"이 가득합니다. 그러니 온전한 제물을 넣으려면 그릇을 채우는 "탐욕과 방탕"(full of greed and self-indulgence)을 비워 내야 합니다.

여기서 '탐욕'은 강탈, 약탈, 도둑질이라는 뜻이 있는 헬라어 '하르파게'입니다. 자신의 욕심을 채우려면 필연적으로 누군가의 것을 강탈해야 하고, 결국 자신보다 약한 자에게서 취할 수밖에 없습니다. 탐욕이 무서운 것은 자신의 욕심을 채우기 위해 약한 자를 아프게 하고 순진한 사람을 속여야 하기 때문입니다.

'방탕'은 영어로 'self-indulgence'인데 '자기 탐닉'쯤으로 해석이 가능합니다. 즐거움을 찾아 탐닉하는 것이 방탕입니다. 자기 즐거움을 탐닉하면 무절제해지고 자제력을 상실하게 됩니다. 아마도 마약을 비롯한 중독 현상이 이런 탐닉에서 오는 것이겠죠. 그러니 '방탕'은 실수로 한 번 저지르는 죄가 아니라, 이미 삶에 습성화되어 있는 것을 말합니다.

우리가 무언가를 그릇에 담는다고 생각해 보겠습

니다. 내용물을 비워 내야 다른 것을 그릇에 담을 수 있지 않습니까? '정결'은 채우기 위해 털어 내는 것입니다.

예수님이 두 주인을 겸하여 섬길 수 없다고 말씀하셨습니다.

한 사람이 두 주인을 섬기지 못할 것이니 혹 이를 미워하고 저를 사랑하거나 혹 이를 중히 여기고 저를 경히 여김이라 너희가 하나님과 재물을 겸하여 섬기지 못하느니라 _ 마 6:24

또한 한 입에서 어떻게 다른 것이 나올 수 있냐고 하셨습니다.

한 입에서 찬송과 저주가 나오는도다 내 형제들아 이것이 마땅하지 아니하니라_ 약 3:10

예수님이 이러한 사두개인과 바리새인들의 이중

성을 '위선'이라고 말씀하셨습니다. 그들은 겉모습을 깨끗이 하는 일에 열중했지만 예수님은 그들 마음속에 탐욕과 방탕이 가득함을 보셨습니다. 이런 이중적인 모습이 얼마나 역겹고 견디기 힘든지 경험해 보았을 것입니다.

우리 삶에서도 쉽게 찾을 수 있습니다. 예를 들어 볼까요? 식당에서 주문한 음식을 맛있게 먹으려는 순간 머리카락이 보일 때 얼마나 밥맛이 뚝 떨어지던가요. 또 5성급 호텔에서 화장실을 닦는 걸레로 컵을 닦았다는 뉴스를 들으면 얼마나 불쾌합니까. 어느 호텔에서는 투숙객이 물을 끓이는 포트에 속옷과 양말을 삶았다는 기사가 난 적도 있습니다. 그 포트를 사용해 커피와 차를 마셨던 사람의 기분은 어땠을까요? 얼마나 역겹고 더럽다는 생각이 들었을까요? 그러나 이러한 사례보다 사람 속이 얼마나 더러운지 알았을 때의 배신감이 훨씬 큽니다.

세상에는 네 부류가 있습니다. 착한데 착하게 사는 사람, 나쁜데 나쁘게 사는 사람, 스스로는 나쁘다 생각하지만 착하게 살려 노력하는 사람, 늘 자신은 착하다고 하는데 행동이 나쁜 사람. 누가 제일 역겨운가요? 원래 나쁜 사람은 그런가 해도, 착한 척하는 사람이 오히려 더 나쁘게 다가오지 않은가요? 천사처럼 행동하고 선행을 일삼던 사람의 내면에서 추악함이 드러나면 더 그렇습니다. 인류 역사상 성범죄는 끊이지 않았습니다. 그런데 성직자 추문은 더 충격으로 다가옵니다. 우리가 그렇게 기대하지 않았기 때문입니다. 그들이 그 죄를 혐오한다고 생각하기 때문입니다.

몇 년 전 충격적인 사건이 있었습니다.

제가 수년 전 콜로라도 스프링스에 있는 뉴 라이프 처치(New Life Church)를 방문해 예배를 드린 적이 있습니다. 복음주의자인 테드 헤가드(Ted Haggard) 목사님의 설교를 들으며 얼마나 감동받았는지 모릅니다. 테드 헤가드 목사님은 백악관을 방문해 대통령을 위해 기도하고 자문하며 보수적인 신앙인으로 미국 사회를 이끄는 지도자였습니다. 그의 집회는 콘서트마냥 열광적이었고, 특히 그는 마약과 동성연애를 강력하게 반대했었습니다.

그러던 어느 날 사건이 터졌습니다. 그가 동성애 매춘을 했다는 보도가 난 것입니다. 동성애자를 정죄하는 설교를 들은 동성 매춘부가 모든 것을 폭로한 것입니다. 그런 생각이 들었습니다. 이 목사님께 과연 신앙과 믿음의 고백이 없었을까. 문제는 이분이 죄를 이기지 못했다는 것입니다.

사도 바울은 그가 사도로서 살다 하나님께 버림받을까를 가장 두려워했습니다. 그를 부르신 하나님 앞에서 거룩함이 훼손되는 것에 대한 두려움이었습니다. 그래서 바울은 믿음의 아들 디모데에게 편지를 전합니다.

그러므로 누구든지 이런 것에서 자기를 깨끗하게 하면 귀히 쓰는 그릇이 되어 거룩하고 주인의 쓰심에 합당하며 모든 선한 일에 준비함이 되리라_ 딤후 2:21

"이런 것"에서 나를 깨끗하게 하려고 할 때 주님이

쓰실 수 있는 그릇이 됩니다. 우리가 언제든지 하나님의 사람으로 쓰일 수 있도록 나를 준비하는 것입니다.

포장에 속지 말라

우리가 이 보배를 질그릇에 가졌으니 이는 심히 큰 능력은
하나님께 있고 우리에게 있지 아니함을 알게 하려 함이라
_ 고후 4:7

사람들은 금그릇도, 은그릇도 갖고 싶어 합니다. 그런데 그 그릇이 중요한 것이 아닙니다. 질그릇 같은 우리 안에 보배로운 주님이 담겨 있으므로 능력 있는 삶을 사는 것입니다. 우리가 겉모양의 그릇에 속지 않으려면 두 가지 분별이 필요합니다.

첫째, 지도자들의 겉과 속을 구별하는 것입니다.

화려한 직분과 경력에 속지 말고, 그의 입과 행동에서 나오는 것이 무엇인지 분별해야 합니다. 예수님

이 경고하십니다.

거짓 선지자들을 삼가라 양의 옷을 입고 너희에게 나아오나 속에는 노략질하는 이리라_ 마 7:15

거짓 선지자는 두 종류가 있습니다. 한 부류는 나쁜 의도로 거짓말을 합니다. 애초부터 속여서 노략질하려는 생각이 있는 나쁜 사람입니다. 다른 하나는, 무지하여 속이는 자가 된 것입니다.

눈 먼 바리새인이여 너는 먼저 안을 깨끗이 하라 그리하면 겉도 깨끗하리라_ 마 23:26

계속되는 질책과 권면 가운데 "눈 먼"이라는 말이 나오는데, 어쩌면 이는 예수님의 안타까운 마음이 아닐까요? '너희들이 눈이 멀어서 보지 못하는구나!'라는 안타까운 마음 말입니다. 질책이라면, 의도적으로 눈을 감고 보지 않으려는 이들의 마음을 보셨기 때문

일 것입니다. 진리를 모르는 자는 눈 먼 사람과 같습
니다. 여기서 눈 먼 사람이란 육신의 질병이 있는 자
를 가리키는 것이 아니라, 봐야 할 것을 보지 못하고
진리를 왜곡해서 보는 자입니다.

지금까지 바리새인들이 겉을 깨끗이 하는 일에
최선을 다했다면, 이제는 '먼저 안을 깨끗이 하라'고
충고하십니다. 그럴 때 자연스럽게 '겉도 깨끗해지리
라'는 말씀입니다.

이 부분을 《메시지》 성경은 이렇게 표현합니다.

…미련한 바리새인들아! 속을 깨끗이 닦아라. 그래야 반짝
이는 겉도 의미 있을 것이다. _ 마 23:26, 메시지

둘째, 하나님 앞에서 내 삶의 겉과 속을 성찰하고
회개하며 분별하는 것입니다.

예수님이 지금 전하시는 말씀은 제자나 바리새인
들에게 국한되지 않습니다. 예수님 앞으로 나아온 모
든 이를 향한 말씀입니다. 주님이 바리새인과 사두개

텅 빈 경건

인들에게 '화'를 선포하는 이유는 두렵고 떨리는 마음으로 자신을 돌아보라는 것입니다. 그리고 자신의 잘못이 무엇인지를 회개하라는 것입니다. '회개'를 촉구하시는 말씀 속에는 '용서'하시겠다는 마음이 전제되어 있습니다. 회개로 우리 속에 있는 더러운 것을 쏟아 내야, 질그릇 같은 우리 마음속에 보배로운 예수님을 모실 수 있기 때문입니다.

만나교회 한 권사님의 나눔을 소개하고자 합니다.

얼마 전 SBS 예능 프로그램 〈백종원의 골목식당〉에 나온 여수 꼬치 집이 떠올랐다. 처음 방송에 나왔을 때 식당이 너무 더러웠는데 백종원에게 안 그런 척 거짓말을 했다. 백종원이 가서 정말 깨끗하냐고 재차 물었다. 꼬치 집 사장은 그제야 자신이 거짓말했음을 인정하고 바로 꼬리를 내렸다. 그때 백종원이 말하길, "거짓말했다니까 딱히 할 말은 없네"였다.

후속 조치 후 다시 방문했을 때 사장은 말끔히 청소해 놓았다. 꼬치 집 사장은 정말 반성하고 있었다. "열심히 청소

했네"라는 백 선생의 말에서 이 사람은 합격이라는 느낌이 들었다.

'회개'하고 잘못을 인정하는 데서 '깨끗한 그릇'이 시작됩니다.

이번 이야기 역시 만나교회 성도님의 통찰입니다.

한복은 몸 전체를 가리기 때문에 안에 무엇을 입든 상관없다고 생각하는 경우가 많다. 그러나 실제로는 '속옷을 잘 갖춰 입어야 예쁘다'고 한다. 겉모습이 중요한 만큼 속옷도 중요하다. 가려지는 옷일수록 안을 잘 갖춰 입어야 한다. 신앙도 마찬가지다. 겉으로 보이는 모습보다 나의 신앙의 깊이가 어떤지, 나와 하나님의 관계가 어떤지가 더 중요하다. 그래야 겉으로 보이는 모습도 그렇게 보일 것이다.

진짜 맵시 있게 옷을 입으려면 속옷을 잘 입어야 합니다. 제가 옷 코디에 관심을 갖고 책을 읽은 적이 있습니다. 설교할 때 사람들 눈에 거슬리는 옷을 입으면 예배에 방해되기 때문에 조심하려는 마음에서였습니다. 그런데 진짜 신사는 슈트도 중요하지만 보이지 않는 속옷과 양말에 더 신경 쓰는 사람이라고 합니다.

성경은 우리에게 현상이 아닌 본질에 집중하라고 합니다. 아무리 밖에서 그리스도인이라고 말해도 우리 속에 복음이 살아 있지 않으면 그리스도가 드러나지 않습니다. 우리 행동의 문제는 마음의 문제고, 우리의 말 역시 마음속에 있는 것이 표현될 뿐입니다.

인상적으로 읽은 글을 나눕니다.

언젠가 한 집회에 참석한 이들에게 이렇게 물어 본 일이 있습니다.

"신앙 생활하기 참 어렵지요. 신앙 생활과 자전거 타기 중 어느 것이 더 어렵다고 생각하시나요."

뜻밖의 질문을 받은 이들의 표정은 비슷했습니다. 대부분 생뚱맞다는 표정이었지요. 신앙 생활을 자전거 타기에 비기냐고, 질문이 말이 되느냐는 투였습니다.

제가 대답했습니다.

"저는 자전거 타기가 더 어렵다고 생각해요. 자전거는 페달을 계속 밟지 않으면 넘어지거든요. 대번에 티가 나요. 그런데 신앙생활은 열심히 하지 않아도 별로 티가 나질 않아요. 그런 점에서 자전거 타기가 훨씬 어려운 것 아닐까요."

그제야 공감하겠다는 듯 빙긋 웃으며 고개를 끄덕였습니다.

《국민일보 겨자씨》 2019년 7월 17일 자〉

우리의 신앙이 단번에 티가 나지 않습니다. 그런데 어느 날 보니 우리가 썩어 있고 정말 고개도 들 수 없는 모습으로 변했습니다. 예수님이 서기관과 바리새인들에게 "화 있을진저"라고 하셨던 말씀이 우리에게 아프게 다가옵니다. "너희들은 겉은 번지르르한데 속이 탐욕과 방황과 탐닉으로 가득하구나. 너희 속을 깨끗하게 하지 않으면 내가 너희를 쓸 수 없다." 무섭고, 무겁게 나 자신을 돌아봤으면 좋겠습니다.

주님, 겉과 속이 동일하게 정결한 자가 되게 하소서. 세상의 가치를 따라 보이는 곳을 치장하기 바쁜 나의 모습을 주님 앞에 내려놓습니다. 겉모습보다는 내면의 거룩함을 회복하기 위해 노력하는 삶이 되게 하소서.

우리의 죄를 가지고 나와 변론하자고 하셨습니다. 용서하겠다고 말씀하셨습니다. 우리의 마음 안에 방탕, 탐욕, 위선이 가득함을 회개합니다. 담대히 주님 앞에 우리의 더러움을 가지고 나올 수 있는 용기를 주소서. 주님 보시기에 더러운 모든 것을 비우고 주님이 언제든 사용하실 수 있는 깨끗한 그릇이 되게 하소서. 한 번의 회개로 그치지 않게 하시고 주님 앞에서 우리를 돌아보는 신앙의 페달이 멈추지 않게 하소서.

그리하여 그리스도인으로서 복음이 살아 숨 쉬는 삶이 되게 하소서. 생명력 있는 그리스도인의 삶이 되게 하소서. 오늘 하루를 가벼이 지내는 것이 아니라, 날카롭게 다가오는 말씀을 붙들고 나의 내면을 돌아보는 시간이 되게 하소서. 예수님의 이름으로 기도합니다. 아멘.

7.   회칠한

무덤 같은 자에게

27 화 있을진저 외식하는 서기관들과 바리새인들이여 회칠한 무덤 같으니 겉으로는 아름답게 보이나 그 안에는 죽은 사람의 뼈와 모든 더러운 것이 가득하도다 28 이와 같이 너희도 겉으로는 사람에게 옳게 보이되 안으로는 외식과 불법이 가득하도다

마태복음 23장 27-28절

혹시 '겉바속촉'이라는 말을 들어 보셨나요? '겉
은 바삭하고 속은 촉촉하다'의 줄임말입니다. 원래
치킨의 식감을 표현할 때 사용한 말이었으나 요즘은
치킨뿐만 아니라 통 삼겹살, 감자 튀김 등 다양한 요
리에 사용한다고 합니다. 최근 주부들의 잇템이라는
에어프라이어로 요리하면 무엇이든 '겉바속촉'으로
만들 수 있다고 합니다. 겉만 보면 딱딱할 것 같은데,
막상 한입 베어 물면 안쪽은 전혀 다른 반전의 식감
과 맛이 숨어 있습니다.

이 말은 긍정적인 의미로 사용되지만 비슷한 맥
락의 부정적인 표현을 찾자면 '양의 탈을 쓴 늑대'입
니다. 겉과 속이 전혀 다른 사람, 실제로는 나쁜 마음
이 있으면서 선한 척하는 경우를 가리키는 말입니다.
예수님은 이렇게 겉과 속이 다른 사람을 향해 '회칠
한 무덤' 같다며 질책하십니다.

네이버 지식백과를 보니 '회칠한 무덤'을 이렇게

설명하고 있습니다.

겉과 속이 다른 위선적인 신앙을 꼬집는 말이다(마 23:27). 즉
외모는 깨끗하게 단장하고 있으나 버면은 썩은 시체가 악
취를 풍기듯 안팎이 다른 이율배반적이고 가증스런 신앙
자세를 지적한 표현이다. 한편 유대인들은 고인을 추모하
거나, 무덤을 눈에 잘 띄게 하여 사람들이 부주의하여 무
덤에 접촉함으로써 부정을 범하지 않도록 1년에 1차씩(유
대력 아달 월 15일) 무덤에 회(灰)를 칠했다고 한다.

여섯 번째 저주 선언문은 지난 말씀과 구조가 비
슷합니다. 안과 겉을 대조해서 바리새인과 서기관들
을 비판하는 내용입니다. 앞의 말씀에서 잔과 그릇을
비유했다면, 이번 말씀은 '무덤'을 비유로 설명하고
있습니다. 회칠한 무덤은 이렇습니다.

…겉으로는 아름답게 보이나 그 안에는 죽은 사람의 뼈와
모든 더러운 것이 가득하도다_ 마 23:27

텅 빈 경건

'회칠한 무덤'은 당시 들판이나 길가에 있던 가난한 자들의 무덤입니다. 에스겔 39장은 부정한 시신을 피해 가는 법을 이야기합니다. 길가 무덤에 '회'를 칠하는 이유는 유월절 순례자들이 지나갈 때 쉽게 무덤을 식별하고 피해가기 위함입니다. 율법에 따르면 시체나 무덤을 만진 사람은 7일 동안 부정하게 되기 때문입니다. 그러니 '겉으로는 아름답게 보이나'라는 말은 두 가지로 해석할 수 있습니다.

　첫째, 길가 무덤을 회칠해 썩고 더러운 시신을 감췄지만 죄와 죽음은 여전합니다.

　둘째, 아무리 아름답게 보이려고 치장해도 내면이 바뀌지 않는 것은 위선입니다.

　이런 유대교 전통을 바탕으로 생각해 보면 '회칠한 무덤'의 위험성은 아주 심각합니다. 여기서 '회칠한 무덤'은 어쩌면 무덤처럼 보이지 않도록 아름답게 포장한 것일 수 있다는 생각이 듭니다. 아름답게 포장했으니 사람들이 쉽게 다가가 접촉할 수도 있을 것입니다. 그런데 그 안에 있는 죽은 사람의 뼈와 더러운 것으로 부정해지게 되는 것이죠.

저는 교회 안에서 '회칠한 무덤'과 같은 자들을 경계해야 한다고 생각합니다. 참 마음이 아픈 것 중 하나가 교회에서 사람에게 속고 상처받는 일입니다. 대개 거룩하고 신실해 보이는 겉모양에 속아서 일어납니다.

'회칠'은 분장한 것입니다. 더러움을 가리기 위해 덧칠했다는 뜻입니다. 그러니 더러움이 짙으면 짙을수록 덧칠을 두껍게 하지 않겠습니까? 만약 상식 이상으로 거룩하게 보이는 사람이라면, 이런 이유로 더 경계해야 하지 않을까요? 이 세상에서 그렇게 거룩하고 존귀한 사람이 얼마나 있을까요? 사실 진정한 아름다움과 거룩함 앞에서 '티'가 잘 드러나기 마련인데, 혹시 그것조차 보이지 않는다면 회를 칠해 가장한 것이 아닐까요?

우리가 흔히 '성형 중독'을 말합니다. 처음에는 작은 오점을 고치고 숨기려고 수술하지만, 수술 후 다른 결점이 보이면 또 손을 댑니다. 미국의 성형 전문 포털 사이트에서 성형 수술 경험자 100명을 대상으

텅 빈 경건

로 설문 조사를 벌인 결과 42퍼센트가 수술 후 부작용을 경험한 것으로 조사됐다고 합니다. 또 76퍼센트가 재수술을 검토하거나 일주일에 세 시간 이상을 성형 수술 관련 정보를 수집하는 데 쓴다고 합니다. 어떤 여성은 "성형 수술이 부위별로 단계적으로 실행될 때마다 내가 계획적인 삶을 주도하고 있다는 사실에 삶의 의욕이 용솟음친다"고 했습니다.

그런데 외모는 아무리 고쳐도 완전할 수 없고, 고치면 고칠수록 부족한 것이 자꾸 드러나는데, 어떻게 해결하겠습니까?

그래서 하나님은 있는 모습 그대로 우리 죄를 가지고 나아오라고 하십니다. '의인'으로가 아니라, '죄인들아' 다 주께로 나오라고 하십니다. 사실은 죄인이기 때문에 주께 나아가 도움을 구하고, 우리가 아프고 병들었으니 하나님께 치유함을 구하는 것입니다. 그런데 자꾸 문제가 없다고 우기면 어떻게 하나님 앞에 나아갈 수 있겠습니까? 거룩의 시작은 죄를 감추는 것이 아니라 있는 모습 그대로 죄를 드러내는 것입니다.

바리새인들은 자신들의 티끌만 한 오점 하나라도 드러나지 않게 숨겼습니다. 그래서 더욱 짙게 회를 칠할 수밖에 없었습니다. 신앙의 연륜이 깊을수록 점점 위선으로 덧칠하는 경우가 많습니다. 계속 덧칠하니 더욱 속이 썩을 수밖에 없지 않았을까요? 인위적이고 과도한 경건은 위선과 독선일 수밖에 없습니다.

'만나교회' 묵상 팀에서 이런 이야기를 나눴습니다.

'회칠한 무덤' 하니까 화장하는 것이 생각났다. 화장은 결국 커버하는 것이다. 화장의 본래 의도는 예쁜 것을 부각시키는 것이라고 생각한다. 그런데 피곤하거나 내 마음이 불편할 때에는 화장해도 잘 안 먹는다. 가리려다 보면 화장이 점점 더 두꺼워지고 진해진다. 회칠한 무덤도 마찬가지 아닐까? 아무리 예쁘게 칠하고 두껍게 발라도 그게 무덤이라는 사실은 변하지 않는다.

그런 의문이 드네요. 화장할 때 '예쁘게' 보이는

것이 목적인지, 아니면 보기 싫은 것을 '가리는' 것이 목적인지 말입니다.

예수님이 질책하시는 바리새인과 서기관들의 모습이 오늘날 목회자의 모습인지도 모르겠습니다. 요즘 영화 속 성직자들은 누가 봐도 성직자의 모습입니다. 대개 클러지셔츠(Clergy shirts)나 로만 칼라(Roman collar)를 입은 사람이 옆구리에 큰 성경책을 끼거나 십자가 목걸이를 하고 등장합니다. 그러곤 대개 사기를 칩니다. 어쩌면 현대인의 눈에 비치는 목회자의 모습이 이러하지 않을까요? 가장 무서운 것이 겉은 번지르르한데 속은 썩어서 냄새나는 회칠한 무덤입니다.

하나님께 항복하라

예수님은 계속해서 바리새인과 서기관들의 외식을 질책하십니다. 어리석은 눈 먼 자 같은 그들에게 조언하시지만 이번에는 대상이 바뀌었습니다.

이와 같이 너희도 겉으로는 사람에게 옳게 보이되 안으로 는 외식과 불법이 가득하도다_ 마 23:28

이 말씀에서 "너희도"라는 말을 주목해 보십시오. 마태복음 23장에서 처음 누구를 대상으로 말씀하신 것인지 기억하기 바랍니다. "예수께서 무리와 제자 들에게 말씀하여 이르시되"(마 23:1)라는 부분 말입니 다. 예수님이 바리새인들의 외식을 준엄하게 꾸짖고 계시는 이유가 확실해집니다. 이들의 잘못된 행위를 '반면교사'로 삼으라는 것입니다.

중요한 것은 '너희도' 겉으로는 사람에게 옳게 보 이되 안으로는 썩었다는 말입니다. 또한 외식과 불법 이 가득한 이유를 분명하게 지적하십니다. "사람에게 옳게 보이되"라는 부분입니다. 우리 안에 외식과 불 법이 만들어지는 이유는 '하나님'이 아닌 '사람'에게 보이려고 살기 때문입니다.

하나님은 우리의 중심을 보시지만 사람들은 우리 의 겉모습을 봅니다. 그러니 사람들에게 보이는 것이

텅 빈 경건

목적이라면 겉모습만 치장하면 됩니다. 문제는 겉모습을 치장하고 감추려 하면 할수록 점점 더 짙게 덧칠하게 된다는 것입니다.

반대로 하나님께 옳게 보이는 것이 중요하다고 생각해 보기 바랍니다. 그렇다면 당연히 외모에 신경 쓰기보다는 내면에서 외식과 불법을 제거해 나가지 않겠습니까? 사람들을 신경 쓰면 우리의 더러움을 가리기 위해 애쓰지만, 하나님을 신경 쓰면 우리의 연약함과 더러움이 더 잘 보이도록 하나님 앞에 나오겠지요. 사람들은 속일 수 있지만, 하나님을 속일 수 없다는 것을 알기 때문에 '무장해제'할 수밖에 없습니다. 하나님 앞에 완전히 '항복'하는 것입니다.

제가 항복에 대한 내용을 묵상하다 떠오른 찬송가가 있습니다. 찬송가 50장 〈내게 있는 모든 것을 아낌 없이 드리네〉입니다.

내게 있는 모든 것을 아낌 없이 드리네

1. 내게 있는 모든 것을 아낌 없이 드리네 사랑하고 의지하

며 주만 따라 살리라

2. 버게 있는 모든 것을 겸손하게 드리네 세상 욕심 멀리
   하니 나를 받아 주소서

3. 버게 있는 모든 것을 주를 위해 드리네 주의 성령 충만
   하게 버게 버려 주소서

[후렴] 주께 드리네 주께 드리네 사랑하는 구주 앞에 모두
   드리네 아멘

이 찬양은 1800년대 중반에 태어났던 작곡가 반
디벤터(van Deventer)가 만들었습니다. 원래 음악가였
는데 하나님 앞에 헌신하고 전도자가 됩니다. 그런데
고민이 생겼습니다. 찬양할 때마다 사람들에게 어떻
게 보이는지, 음악적 재능을 어떻게 발휘할까만 신경
쓰였습니다. 그러다가 기도 중에 하나님 앞에 '항복
합니다. 저는 아무것도 아닙니다' 고백하고 나서 그
는 쓰임받게 됩니다. 이 찬양은 헌금할 때 물질을 드
리는 것이 아니라, '완전히 제가 주님 앞에 항복합니
다'라는 의미가 있는 찬양입니다.

그릇은 먼저 속을 깨끗하게 해야 겉도 깨끗합니다. 사실은 우리가 겉을 아름답게 보이려고 할 필요가 없습니다. 우리 내면에서 가식을 제하고 불법을 행하지 않는다면 겉으로 드러나는 모습 역시 하나님 앞에서 의로울 것입니다. 우리가 굳이 사람들에게 옳게 보이려고 가식을 떨 필요가 없습니다. 하나님 앞에서 올바른 인생을 사는 사람이라면 자연스럽게 사람 앞에서도 의로움이 나타나기 때문입니다.

제가 자주 사용하는 말입니다.

거룩은 우리들에게서 사람을 의식하는 것이 아니라 하나님을 의식하는 모습으로 나타납니다. 그리고 하나님을 의식하는 거룩함은 늘 사람들 앞에서 증명됩니다.

사람에게 보이기 위한 것과 하나님께 보이기 위한 것이 분리될 수 없습니다. 이 둘이 분리되는 것을 주님께서는 '외식', 즉 '회칠한 무덤' 같다고 말씀하십니다. 외식하는 바리새인들을 가장 명확하게 표현하는 말이 있습니다. '사기꾼!'

《메시지》성경을 보니까 28절을 이렇게 설명해 놓았습니다.

> …사람들은 너희를 보며 거룩한 사람인 줄 알지만, 속을 들여다보면 너희는 완전히 사기꾼이다. _ 마 23:28, 메시지

세상에서 제일 나쁜 사람 중 하나가 '종교 사기꾼'입니다. 인간의 약한 심성을 이용해 하나님의 이름을 빌어서 등을 쳐먹는 사기꾼들입니다. 저에게는 큰 두려움이 있습니다. 목회가 끝나는 그날까지 사기꾼이 되지 않는 것입니다.

《예배는 사업이 아닙니다》의 저자 밥 소르기(Bob Sorge)가 이렇게 말했습니다.

> 목자는 위험한 상황이 지나갈 때까지 양 떼와 가까운 거

텅 빈 경건

리를 유지합니다. 하지만 사기꾼은 도망갑니다.

구약 시대에는 이런 사람들이 거짓 예언자들이었습니다. 입으로는 '하나님'을 들먹이지만 삶에서 공의와 자비가 사라져 버린 자들입니다. 목자는 양을 돌보는 자여야 하는데, 양을 잡아먹기 위해서 돌봅니다. '종교인 혹은 성직자'들이 존재하는 이유는 사람들을 하나님께 잘 인도하기 위함이지, 자신의 사리사욕을 채우기 위함이 아닙니다. 참 무섭습니다. 종교라는 회칠한 무덤에서 온갖 더러운 냄새가 난다면 말입니다.

매일 묵상한다고 큐티지를 가슴에 끼고 다니는 사람을 조심하십시오. 커다란 성경을 누구나 다 볼 수 있도록 옆구리에 끼고 다니는 사람을 조심하십시오.

늘 기도한다고 신령한 척하는 사람을 조심하십시오. 모든 모임에 빠지지 않으면서 자신의 삶을 경건하게 포장하는 사람을 조심하십시오. 이런 사람은 종교 사기꾼일 수 있으니 조심하십시오.

중요한 것은 내면에 '외식과 불법'이 있는지 가려내는 것입니다. NIV 성경에서는 이를 "hypocrisy and wickedness"라고 표현하고 있습니다. 위선은 악합니다. 겉으로는 종교적인데 그의 입에서 나오는 말이 더럽고 사람의 마음을 상하게 합니다. 그의 삶에서 나타나는 행동이 악합니다. 여기서 악함이란 하나님의 거룩함을 훼손하는 일이 아닐까요? 그들의 행동으로 그들이 예배하는 하나님이 욕을 먹는다면 악한 것입니다.

우리가 종종 착각하는 '종교적 행위'는 사람들에게 의롭게 비치기 위한 행동입니다. '하나님 앞에서의 의'는 우리가 생각하는 의와는 좀 다릅니다. 더 깊이 질문한다면, 우리가 추구하는 것이 '나의 의'가 드러나는 것일까요, 아니면 '하나님의 의'가 드러나는 것일까요? 결국 도덕과 정직에 대한 문제가 아닐까 싶습니다.

'자신의 의'를 드러내려고 '하나님의 의'가 가려지는 것을 두려워하지 않으면 언제든 거짓말이 가능합니다. 이러한 행동은 비도덕적입니다. 가끔 목회자인 저도 다른 목회자를 보면서 그런 생각을 합니다. '저 사람은 정말 하나님이 계시지 않는다고 믿으며 목회하는구나!' 하나님 앞에서 우리의 부르심을 생각하고, 하나님 앞에 서 있는 '나'를 보아야 가장 정직할 수 있을 것입니다.

자신을 위한 정직이 '위선'이라면 하나님을 위한 정직은 '거룩'입니다. 성경은 우리의 자유와 양심이 '나'를 위해서 있는 것이 아니라고 말씀하고 있습니다.

형제들아 너희가 자유를 위하여 부르심을 입었으나 그러나 그 자유로 육체의 기회를 삼지 말고 오직 사랑으로 서로 종 노릇 하라_ 갈 5:13

진정한 믿음은 하나님 앞에서 무엇이 옳은지, 무

엇을 행해야 하는지 고뇌하며 결단하는 것입니다. 때로 우리가 비겁해서 회칠한 무덤처럼 될 수 있음을 경계하라는 말씀입니다.

예를 들어 올바른 신앙이 무엇인지 구별하지 못해 세상과 동일한 논리로 신앙생활을 하는 경우가 있습니다. '하나님의 일'을 한다면서 '하나님의 생각'을 벗어난 일을 할 수 있다는 것은 두려운 일입니다.

〈월간목회〉(2020년 5월호)에 실린 글입니다.

어떤 교회 청년부에서 '소개팅 전도지'를 만든 적이 있는데, 이 전도지는 남자용과 여자용으로 나뉘어 제작되었다. 남자용에는 여자 청년 18명의 사진과 이름, 나이 직업이 적혀 있었고, 여자용에도 똑같은 방법으로 남자 청년들을 적어 놓았다. 나중에 일간지에 공개 사죄 광고가 실리면서 일단락되었지만 그것은 세상화된 교회의 모습이었다. 무엇이 옳고 그른지를 생각하지 않고 오로지 한 가지 목적을 이루기 위해 수단과 방법을 가리지 않는 세상 방법을 쓴 것이다.

텅 빈 경건

전도는 분명 하나님이 원하시는 일입니다. 그런데 지극히 세속적인 방법을 쓴 것이 문제입니다. 하나님이 기뻐하시지 않습니다. 그리스도인이 복음 앞에 서지 않으면 쉽게 범하는 오류가 있습니다. 선한 목적을 위해 어떤 방법을 사용해도 좋다는 것이죠. 그런데 하나님의 일은 '과정'부터 하나님의 선하심이 드러나야 합니다. 하나님의 일을 하는 방법이 타락하면 하나님의 영광을 가리게 됩니다. 선하신 하나님의 목적을 이루기 위해 선한 방법을 사용하는 것이 아프고 힘들 수도 있습니다. 그러나 그것이 하나님의 거룩하심과 하나님의 마음이기 때문에 우리도 따라가는 것입니다.

이러한 놀라운 진리는 '십자가 위에서' 확증되었습니다. 십자가는 쉬운 방법이 아니라, 공의의 하나님이 사랑을 성취하기 위한 아프고 힘든 길이었습니다. 그리고 예수님은 끝까지 십자가 위에서 하나님의 방법으로 하나님의 법을 성취하셨습니다. 이것이 복음입니다.

주님, 부끄러운 나의 모습을 가리기 위해 회칠한 무덤같이 치장했던 지난날을 용서하여 주시옵소서. 사람이기에 연약하고 부족한 모습이 당연함에도 불구하고 그것을 숨기려 애써 노력하며 교만에 빠진 모습을 주님 앞에 내려놓습니다. 겉만 번지르르한 그리스도인의 모습에서 돌이켜 하나님 앞에 연약함과 더러움을 더욱 드러내는 자녀가 되게 하소서.

주님, 오늘 우리가 하나님 앞에 정직한 사람이 되기 위해 고뇌하게 하소서. 행여 회칠한 무덤과 같은 모습으로 주님을 찬양하고 예배하는 자리에 서 있지는 않은지 날마다 점검하게 하소서. 종교적 행위와 신앙인의 삶을 분별할 수 있는 지혜를 주시고, 그리스도인으로서 하나님의 의를 드러내는 자가 되게 하소서. 주님의 의가 드러나는 자리라면, 나에게 해가 될지라도 기꺼이 감수할 수 있는 믿음을 주소서. 사람이 아닌 하나님을 의식하며 하나님 보시기에 의로운 자로 거듭나게 하소서. 예수님의 이름으로 기도합니다. 아멘.

거룩의 시작은

죄를 감추는 것이 아니라

있는 모습 그대로

죄를 드러내는 것입니다.

8.   책임을

회피하는 자에게

29 화 있을진저 외식하는 서기관들과 바리새인들이여 너희는 선지자들의 무덤을 만들고 의인들의 비석을 꾸미며 이르되 30 만일 우리가 조상 때에 있었더라면 우리는 그들이 선지자의 피를 흘리는 데 참여하지 아니하였으리라 하니 31 그러면 너희가 선지자를 죽인 자의 자손임을 스스로 증명함이로다 32 너희가 너희 조상의 분량을 채우라 33 뱀들아 독사의 새끼들아 너희가 어떻게 지옥의 판결을 피하겠느냐 34 그러므로 내가 너희에게 선지자들과 지혜 있는 자들과 서기관들을 보내매 너희가 그 중에서 더러는 죽이거나 십자가에 못 박고 그 중에서 더러는 너희 회당에서 채찍질하고 이 동네에서 저 동네로 따라다니며 박해하리라 35 그러므로 의인 아벨의 피로부터 성전과 제단 사이에서 너희가 죽인 바라갸의 아들 사가랴의 피까지 땅 위에서 흘린 의로운 피가 다 너희에게 돌아가리라 36 내가 진실로 너희에게 이르노니 이것이 다 이 세대에 돌아가리라

마태복음 23장 29-36절

일곱 번째 저주 선언문은 책임을 회피하며 자신의 의를 드러내는 서기관과 바리새인들에 대한 질책입니다. 유대인은 무덤을 만들거나 비석을 세우는 일에 관심이 많았습니다. 이는 유대교의 전통적 관습을 따르는 것으로 성전 금고의 일부를 사용할 정도로 국민적인 관습이었습니다.

이스라엘 순례 중 '힌놈의 골짜기'와 '왕의 골짜기'를 걷다가 스가랴의 무덤과 압살롬의 무덤을 본 적이 있습니다. 그 규모가 상당했습니다. 이들이 무덤과 기념비를 만드는 데는 두 가지 이유가 있습니다. 긍정적인 의미로는 선열들의 발자취를 따르고 자신의 잘못된 행실을 고치기 위한 것입니다. 부정적인 의미로는 위선적인 자신의 신앙을 나타내려는 교만에서 비롯된 행동입니다. 성경에서도 기념비가 나옵니다. 벧엘(창 28장)과 길갈(수 4장)에 하나님을 기념하는 돌을 세운 것과 '왕의 골짜기'에 압살롬이 자신을

스가랴, 압살롬의 무덤

위한 기념비를 세운 것입니다(삼하 18:18).

화 있을진저 외식하는 서기관들과 바리새인들이여 너희는

선지자들의 무덤을 만들고 의인들의 비석을 꾸미며 이르되

만일 우리가 조상 때에 있었더라면 우리는 그들이 선지자의

피를 흘리는 데 참여하지 아니하였으리라 하니_ 마 23:29-30

텅 빈 경건

예수님은 이것을 문제 삼고 있습니다. 전통을 따라 외식하는 서기관과 바리새인들은 선지자들의 무덤을 만들고 의인들의 비석을 꾸몄습니다. 이들의 의도는 조상의 잘못을 부각하고 자신들은 그들과 다르다는 것을 나타내기 위함입니다.

성경을 보면 모든 선지자는 당대에 핍박을 받았습니다. 이유는 단 하나, 하나님의 말씀을 말했기 때문입니다. 그 당시 살던 많은 사람이 하나님을 알았습니다. 그러나 이들은 하나님을 믿는다면서 하나님의 말씀이 공의와 긍휼을 말할 때 받아들이지 못했습니다. 왜냐하면 이들은 공의롭지 못했고, 하나님의 긍휼을 실천할 마음이 없었기 때문입니다. 사람들은 자신의 불의가 드러나는 것이 두려워서 그것을 감추기 위해 잔인해졌습니다. 많은 선지자가 누명을 쓰고 핍박을 받아 죽었습니다.

역사를 돌아보며 외식하는 서기관과 바리새인들이 하는 말이 있습니다.

만일 우리가 조상 때에 있었더라면 우리는 그들이 선지자
의 피를 흘리는 데 참여하지 아니하였으리라 하니 _마 23:30

사람들은 제삼자의 입장에서 이성적일 수 있습니
다. 자신의 이권이 개입되지 않은 데서 조금 더 정의
로울 수 있습니다. 위선자들은 자기와 별로 상관없는
일에 호언장담하며, 자신은 조상과 같지 않다고 말합
니다. 그들이 그 당시 살았더라면 절대로 선지자들을
핍박하고 죽이지 않았을 거라고 합니다.

그런데 예수님은 그들의 자랑 가운데 외식을 보
셨습니다. 예수님은 외식하는 서기관과 바리새인들
역시 그들 조상과 마찬가지로 죄에서 자유로울 수 없
다고 하십니다. 어찌 보면 참 비겁합니다. 외식하는
자의 특징입니다. 조상을 모욕하므로 자신의 책임을
모면하고 자기 의를 드러내려는 사람입니다.

저는 개인적으로 우리 민족의 근대사를 정리하는
학자들을 보며 안타까운 부분이 있습니다. 자신의 정
치적 견해에 따라 잘못한 점을 미화시키고 상대 진영

텅 빈 경건

을 배척하는 모습 때문입니다. 또한 지나간 역사 중 자신에게 불리한 사건에는 잠잠하면서, 자신에게 유리한 사건은 전면에 내세워 강조하기도 합니다.

모두가 공(功)과 과(過)를 잘 살피고 평가하는 것이 중요합니다. 역사를 대할 때 모든 것이 우리 역사임을 부정할 수 없습니다. 우리가 그 시대에 살지 않았기 때문에 당시 사람들의 아픔을 쉽게 말할 수도 없습니다. 대한민국이 세워지면서 독립운동을 했던 영웅이 남쪽을 떠날 수밖에 없었던 아픔, 일제 강점기에 신사참배 하는 수모를 견디면서도 후학 양성을 위해 학교를 지켜왔던 사람들에 대해 우리가 쉽게 옳고 그름을 이야기할 수 있을까요?

가만히 생각해 보면 그 시대를 살면서 신앙을 지킨 절개도 아름답지만 한편으로는 타협으로 보일지라도 자신의 수치를 감내하고 교인들을 지키려 했던 마음도 있지 않았을까요? 우리는 그 시대를 살지 않았기 때문에 쉽게 평가하고 각자의 잣대로 자기의 의를 드러낼 수 있을지 모르지만 그것이 다 '우리의 몫'

'우리의 책임'입니다.

오래전 연세대학교 '대나무숲'이라는 게시판에
올라왔던 논쟁을 소개합니다.

연세대학교 페이스북 '대나무숲'에 "저는 친일파 후손입니
다"라는 익명의 글이 올라왔다. 글쓴이는 "조상이 꽤 높은
위치까지 올랐고 교과서에도 가끔 나온다"며 "그래서 재
산이 많다. 이미 제 이름으로 수백 억대 건물 한 채도 갖고
있다"고 소개했다.

그는 "결론부터 말한다. 이게 죄인가? 제가 친일한 것은 아
니고 우리 아버지가 불린 재산도 많다. 친일파 자손 잘산
다고 욕하고 재산 몰수하자는데 그게 연좌제가 아니면 뭔
가?"라고 주장했다. 이어 "독립운동가 후손? 자기들이 독
립운동 했나? 그냥 부러우면 부럽다고 해라. 남이 가진 건
물이 부러우면 열심히 일할 생각이나 해야지 언제 적 조
상 타령인가?"라며 비판했다.

이 글에는 하루 만에 1,600개가 넘는 댓글이 달렸

습니다. 특히 친일파 후손을 자처하는 또 다른 익명 댓글이 달려 눈길을 끌었습니다.

> 그는 "저 또한 조상님이 친일파였고 덕분에 경제적으로 부족하지 않은 집에서 살아 왔다"고 소개했다. 그러나 "조상님이 친일했다는 사실은 수치스러워 누구에게도 말하지 않고 있다. 힘든 상황에서 독립운동 하신 1900년대 위인들께는 존경의 마음이 있다"고 말했다.
> 그는 "우리 같은 사람들이 욕먹고 재산 몰수 얘기 들으면 억울할 때도 있다. 태어나기 전 얼굴도 모르는 조상님이 지은 죄로 욕먹는 거니까. 하지만 그분들 죄 위에서 우리가 풍족하게 사는 것도 사실이다"고 인정했다. 그러면서 "저 역시 제가 가진 부를 책임질 수 없기에 독립 열사 후손을 위해 무언가 하라고는 못 하겠지만 적어도 죄송하고 안쓰러운 마음을 가지고 있어야 한다"고 밝혔다.

우리나라는 '친일'이라는 단어에 몹시 예민합니다. 역사적으로 아프고 민감한 부분이기 때문입니다. 여기서 '친일파의 후손'이라는 같은 배경을 가진 두 사람이 전혀 다른 이야기를 하고 있습니다. 한 사람은 내가 한 일이 아니니 자신에게는 책임이 없다고 말하고, 한 사람은 내 조상의 일이니 나에게도 책임이 있다고 합니다. 여러분은 어떤 글에 더 마음이 가십니까? 저는 개인적으로 책임을 통감하며 죄송한 마음을 밝히는 두 번째 글에 마음이 가더군요. 아마 많은 분들이 그렇지 않을까요? 책임 의식이 있는 사람과 책임 의식이 없는 사람의 사고가 얼마나 다른지 생각해 보기 바랍니다.

책임 의식이 있는 사람은 어떻게 해서라도 '교정'하려고 하지만, 책임지지 않으려는 사람은 자신의 의무를 '회피'하거나 책임을 다른 사람에게 '전가'합니다.

존 스토트(John Stott)는 《현대 사회 문제와 그리스도인의 책임》에서 그리스도인이 세상에 대해 취할 수 있는 태도를 말합니다.

그리스도인은 세상에 대해 오직 두 가지 태도만 취할 수

텅 빈 경건

있다. 도피 아니면 참여다. '도피'란 세상을 거부하여 등을 돌리고, 거기서 손을 씻으며 도움을 청하는 세상의 피로운 부르짖음에 마음을 닫아버린다는 의미다.

이에 반해 '참여'란 긍휼의 마음으로 세상을 돌아보고 세상을 섬기느라 손이 더러워지고, 아프고, 상처나게 되며 마음속 깊은 곳에서 억누를 수 없는 하나님의 사랑이 일어나는 것을 느낀다는 의미다.

하나님 앞에서 나의 책임을 돌아보라

그러면 너희가 선지자를 죽인 자의 자손임을 스스로 증명함이로다_ 마 23:31

아주 흥미로운 말씀입니다. 외식하는 서기관과 바리새인들이 참 쉽게 말합니다. 만일 조상 때에 우리가 있었더라면 선지자들을 죽이지 않았을 것이라고 합니다. 그런데 예수님은 '너희가 하는 그 말이 너희를 증명한다'고 말씀하십니다. 책임을 회피하지 말라는 뜻입니다. 내가 하지 않은 일이라고 자신의 의를 주장하지 말라는 말입니다. 너희가 후손임을 인정한다면 그리 잘난 척할 일도 없을 것이라는 말입니다.

너희가 너희 조상의 분량을 채우라_ 마 23:32

무서운 말씀입니다. 너희 조상이 한 일에 대하여 너희에게도 책임이 있다는 말입니다. 너희만이 의롭다고 생각해서 해결될 문제가 아니라는 말입니다.

그렇다면 책임은 무엇일까요? 코로나19로 교회와 시민의 '책임'은 무엇인지 돌아보는 시간을 가졌습니다. 그리고 이런 질문도 던져 보았습니다. "왜 마스크를 쓰는가?" 어떤 사람은 누군가에게 피해를 입힐까 염려되어 쓰고 다니고, 어떤 사람은 다른 사람에게서 전염병이 옮을까 봐 마스크를 씁니다. 심지어 어떤 사람은 자신이 코로나에 걸리면 더 이상 마스크를 쓸 필요가 없다고 하기도 했습니다.

16세기 유럽에는 페스트가 무섭게 창궐했고, 교회와 신학은 이런 위기 상황에서 책임이 무엇인지를 답해야 했습니다. 1527년 루터에게 전달된 편지에는 이런 질문이 있었습니다.

"그리스도인이 페스트를 피해 도망칠 수 있는가?"

라이프치히에서는 도미니크 소속 수사가 페스트를 피해 도망갔다는 소문이 들려왔고, 비텐베르크 주민 중에도 도시를 빠져나간 사람들이 있다는 풍문을 루터는 듣고 있었습니다. 그래서 루터는 펜을 들어 자신에게 편지를 보낸 요한 헤스 박사에게 답장을 씁니다.

이 답장은《치명적인 흑사병으로부터 도망해야 하는가?》(Ob man vor dem Sterben fliehen möge)라는 제목을 달고 출판되었습니다.

루터는 당시 모든 그리스도인과 마찬가지로 페스트를 하나님의 심판으로 보았습니다. 사탄 마귀는 이 가운데서 사람들을 유혹하고 절망하게 만들며 그로 인해 즐거워한다고 묘사합니다. 그러므로 전염병을 대할 때 먼저 해야 할 일은 자신을 돌아보고, 죄를 회개하고, 일주일에 한 번은 성찬에 참여하여 죽음을 준비해야 한다고 루터는 말합니다.

하나님이 모든 과정을 통제하시며 삶과 죽음은 하나님의 섭리와 자비에 달려 있기 때문에 그리스도를 믿는 사람은 불안해하거나 염려할 필요가 없다고 충고합니다. 죽음을 피해 도망가는 사람이나 전염병이 퍼진 상황에서 죽음을 두려워하지 않고 현장에 남아 있는 사람이나 모두 하나님의 섭리 아래 있음을 루터는 강하게 말합니다.

루터는 "전염병이 유행하는 곳에 머물러 있어야 하는가, 아니면 피신을 해도 상관없는가?"라는 질문에 이렇게 답합니다.

루터는 이 문제로 고민하는 대상이 어떤 자리에 있는지, 어떤 믿음을 가졌는지를 묻습니다. 그 사람이 영적으로, 아니면 시민의 삶을 위해서 사람을 돌보는 자리에 있는가, 그와 상관있는 자리에 있는가, 아니면 그와 상관없는 자리에 있는가, 그는 믿음이 강한 사람인가, 약한 사람인가?

어쩌면 루터의 답은 간단합니다. 영적으로, 공직자로 사람들을 맡아 지켜야 할 사람이라면 그는 전염병이 창궐하는

텅 빈 경건

상황이라도 그곳에 머물러야 합니다. 이럴 경우라도 사람들을 돌볼 인력이 충분하다면 그 밖의 사람들은 죽음을 피해 피신함이 현명하다는 의견을 루터는 내놓습니다.

《Christianity Today》 2020년 5월호 강영안 교수 글 중에서)

결국 '책임'은 하나님 앞에서 자신을 돌아보는 문제지, 남을 판단하거나 정죄하는 것이 아닙니다. 믿음의 분량이 모자라 혹시 도망가는 이가 있을지라도 그들을 향해 손가락질하지 말라는 것입니다. 위기 가운데서 더욱 그렇게 행동할 수밖에 없는 사람을 돌아보고 이해하는 모습이 중요하지 않을까요? 그리고 믿음으로 하나님 앞에서 자신을 돌아보는 것이 필요하다는 말입니다.

예수님이 지금까지 하셨던 것보다 아주 무섭게 경고의 말씀을 하십니다. 책임을 전가하고 회피하는 바리새인과 서기관들에 대한 질책입니다.

> 뱀들아 독사의 새끼들아 너희가 어떻게 지옥의 판결을 피하겠느냐_ 마 23:33

"뱀들아 독사의 새끼들아!" 굉장히 무서운 말씀입니다. '뱀'은 성경에서 상징적인 동물로 여러 번 언급되는데, 여기서는 타락하고 저주받을 대상을 말합니다. 그런 의미에서 '독사의 새끼'는 독을 품은 뱀이란 의미보다 사탄의 기질과 악마의 본성이 있는 존재라는 뜻이 더 강합니다. 독사와 그 새끼는 동일한 성질이 있으니, 바리새인과 서기관들도 자기 조상의 죄를 비난하지만 실상은 똑같이 악한 족속이라는 뜻이 될 것입니다. 이들에게 다가오는 것은 '지옥의 판결'입니다. 지옥의 판결은 영원한 심판입니다.

그런데 여기서 조금 이해하기 힘든 부분이 있습니다. 이전 말씀에서 "너희도"는 지금 말씀을 듣는 청중에게로 향하고 있었습니다. 그런데 현재 본문 말씀 역시 예수님의 질책이 "너희에게 돌아가리라"는 말로 끝나고 있습니다.

> …땅 위에서 흘린 의로운 피가 다 너희에게 돌아가리라
>
> _ 마 23:35

말씀을 묵상하며 생각해 보았습니다.

예수님이 바리새인과 서기관들을 질책하고 경고하시는 것은 이해되지만 왜 청중에게 이들의 죄가 돌아가리라고 말씀하시는 것일까요? 여기서 말씀하시는 분의 의도를 잘 파악할 필요가 있습니다.

바리새인과 서기관들이 동시대를 사는 사람보다 악했을까요? 아닙니다. 그들은 적어도 율법을 지키려고 애쓰며 살았습니다. 오늘날 세상 사람이 우리를 손

가락질한다 해도 예배드리는 우리가 세상 사람의 도덕적 잣대보다 절대 못하지 않습니다. 그럼에도 예수님이 우리에게 말씀하시는 것은 '위선'입니다. 겉을 번지르르하게 치장하고 선으로 가장하는 위선을 경고하는 것입니다. 자신의 죄를 인정하면 가능성이 있지만, 스스로 아무 잘못 없다고 주장하는 사람에게는 어떤 방법도 없으니 주님의 마음이 답답했던 것입니다.

본문 말씀에서 이들은 자신의 조상을 들먹이면서 억울하다 말합니다. 그러면서 죄를 지었던 조상과는 달리 자신은 죄를 짓지 않았을 것이라고 주장합니다. 결국 죄의 시작이 자신을 특별한 존재로 여기는 선민의식은 아닐까요? '선민의식'이 나쁜 것은 아닙니다. 하나님이 우리를 택하여 주셨다는 믿음으로 가지는 선민의식에는 겸손과 감사가 있지만, 스스로를 특별한 존재라고 생각하는 선민의식은 교만과 독선으로 인도합니다.

주님이 청중에게 말씀하십니다.

지금까지 일곱 번의 질책으로 바리새인과 서기관

텅 빈 경건

들의 이중성을 경고했는데 이들 이야기를 듣는 '너희는' 다른 존재라고 생각하지 말라는 것입니다. 서기관과 바리새인들도 너희와 같은 유대인이었듯 너희도 그들과 별반 다를 것 없는 존재라는 것입니다. 지금 이 사회가 경험하는 악한 일과 아픔에 대하여 너희도 책임이 있다는 것을 명심하라는 말씀입니다.

신앙에서 우리가 가장 경계해야 하는 부분이 이것입니다. 우리에게는 분명한 기준이 있습니다. 우리의 눈에 누군가의 잘못이 보일 수 있습니다. 말씀과 판단이 우리에게 들어옵니다. 그럴 수 있습니다. 문제는 그렇게 판단하면서 우리 자신은 특별한 존재로 생각하는 교만함을 경계하라는 말씀이 아닐까 합니다.

누가복음 13장 1-5절을 보면 이해할 수 없는 사건을 가지고 예수님께 나와 묻는 사람들의 이야기가 나옵니다. 하나는 빌라도의 박해로 죽은 사람들, 다른 하나는 실로암에서 망대가 무너져 치어 죽은 열여덟 명에 대한 사건입니다. 사람들은 왜 그들이 죽었는지, 무슨 잘못이 있어서 죽은 건지 묻습니다. 그러자 예수님이 말씀하십니다.

> 너희에게 이르노니 아니라 너희도 만일 회개하지 아니하면 다 이와 같이 망하리라_ 눅 13:5

코로나로 죽은 사람이나 빌라도에게 살해된 사람들, 그리고 망대에 깔려 죽은 사람들이 '너희보다' 죄가 많아서 그렇게 된 것이 아니라고 말씀하고 있습니다.

존 파이퍼(John Piper)는《코로나 바이러스와 그리스도》에서 이렇게 말하고 있습니다.

예수님이 그들의 죄를 끄집어내신 이유는 무엇일까? 그
들은 자신들의 죄에 대한 예수님의 생각을 묻지 않았다.
그들은 자신들이 아닌 희생자들에 대한 재난의 의미를 알
고 싶어 했다. 예수님의 대답은 놀라웠다. 그분은 그런 재
난의 의미를 모든 사람에게 적용하셨다.
'회개하라, 그렇지 않으면 멸망할 것이다.'
이것이 예수님의 메시지였다. 예수님은 "만일 회개하지
아니하면 다 이와 같이 망하리라"고 두 차례나 말씀하셨
다. 그들은 사람들이 잔인하게 살해되고, 무의미하게 사
고로 죽은 것을 놀라워했다. 그러나 예수님은 "너희는 오
히려 너희가 살해되거나 팔려 죽지 않은 것을 놀라워해야
한다. 회개하지 않으면 너희도 언젠가 그런 심판을 받게
될 것이다"라고 말씀하셨다.

코로나19의 시대를 살아가며 이 아픔 가운데서
누구의 책임과 잘못을 따지기보다 하나님이 너희를

왜 살려 주셨는지, 하나님이 너희를 왜 이곳에 있게
하셨는지 그 이유를 생각하라는 것입니다. 참 놀라운
통찰이라고 생각합니다.

결국 말씀의 진리는 끊임없이 '내면화' 하는 것입
니다. 다른 사람을 향하는 말씀이 아니라 '나'를 향한
말씀으로 들어야 변화가 일어납니다. 이 말씀이 다른
사람이 아닌 '나'에게 들리는 것이 복음입니다. 예수
님이 참 아픈 말씀을 하십니다. 그런데 우리 신앙에
그 아픔이 필요합니다.

> 그러므로 내가 너희에게 선지자들과 지혜 있는 자들과 서
> 기관들을 보내매 너희가 그 중에서 더러는 죽이거나 십자
> 가에 못 박고 그 중에서 더러는 너희 회당에서 채찍질하고
> 이 동네에서 저 동네로 따라다니며 박해하리라 그러므로
> 의인 아벨의 피로부터 성전과 제단 사이에서 너희가 죽인
> 바라갸의 아들 사가랴의 피까지 땅 위에서 흘린 의로운 피
> 가 다 너희에게 돌아가리라_ 마 23:34-36

‘너희에게’가 아닌 바로 ‘우리에게’ 아프게 말씀하고 계십니다. 그들이 흘린 의로운 피가 너희에게 돌아간다는 이 말씀은 저주가 아닙니다. 아프게 우리를 돌아보라는 말씀입니다.

조상에게 보냈던 선지자들과 지혜 있는 자들과 서기관들을 ‘너희에게’도 보낼 것입니다. 그리고 너희 중에 이들을 죽이고 못 박고 채찍질하는 자들이 나올 것입니다. 그러므로 너희 중에 누구든지 그런 사람이 되어 심판의 대상이 될 수 있으니 깨어 있으라는 말씀입니다.

…땅 위에서 흘린 의로운 피가 다 너희에게 돌아가리라

_ 마 23:35

이 말씀은 저주가 아닌 경계입니다. 준비된 삶으로 깨어 있으라는 말씀입니다. 아프고 힘든 말씀입니다. 그런데 이 말씀이 우리에게는 복음입니다. 꾸짖음 가운데 우리를 향한 ‘부르심’이 있기 때문입니다.

우리를 당신의 자녀 삼기를 원하시는 하나님의 간절
함이 있기 때문입니다.

존 비비어(John Bevere)의 책《광야에서》는 우리 인
생에 광야가 필요한 이유를 말하고 있습니다. 광야에
서는 하나님의 음성이 들리지 않고, 하나님과의 관계
가 깨어져 답답할 때가 많습니다. 그런데 우리 인생
에서 이런 아픔을 경험하는 광야가 필요합니다. 그
광야에서 우리는 하나님을 다시 찾게 되고, 새로운
관계가 시작되기 때문입니다.

히즈윌(HisWill)의 "광야를 지나며"라는 찬양은 참
으로 은혜롭습니다.

> 왜 나를 깊은 어둠 속에 홀로 두시는지
> 어두운 밤은 왜 그리 길었는지
> 나를 고독하게 나를 낮아지게
> 세상 어디도 기댈 곳이 없게 하셨네
> 광야 광야에 서 있네

텅 빈 경건

주님만 내 도움이 되시고

주님만 내 빛이 되시는

주님만 내 친구 되시는 광야

주님 손 놓고는 단 하루도 살 수 없는 곳

광야 광야에 서 있네

주께서 나를 사용하시려

나를 더 정결케 하시려

나를 택하여 보내신 그곳 광야

성령이 내 영을 다시 태어나게 하는 곳

광야 광야에 서 있네

어쩌면 무서운 그 질책의 말씀이 우리 신앙의 광야는 아닐까요? 우리가 질책의 한가운데 서 있음을 기억하라는 것은 아닐까요? 하나님이 우리를 '신앙의 광야'와 '인생의 광야'로 몰아 내신 이유가 있다고 생각합니다. 아프니까 복음입니다. 이 아픔 가운데서 하나님과의 관계가 새로워지고 회복되기를 바랍니다.

나를 살리는 기도

주님, 자신은 조상과 같지 않다고 말하는 바리새인과 서기관들의 모습에서 오늘 나의 모습을 발견합니다. 코로나19로 온 세계가 혼란스럽고 어려운 상황 앞에 놓여 있습니다. 주님은 사랑으로 자신의 책임을 다하셨으나 우리는 그리스도인의 책임을 다하지 못했으니 용서하소서. 아파하는 이웃에게, 도움이 필요한 이웃에게 선한 영향력을 미치기는커녕 책임을 전가하고 잘잘못을 따지는 나의 모습을 용서하소서.

주님, 누군가에게 비난의 화살이 향한다면 당장 내 마음이 편할 것 같으나 주님께서는 우리 자신을 돌아보라고 말씀하십니다. 주님의 말씀을 따라 이 시대와 개인의 아픔 속에서 책임의 원인과 결과를 따져 묻지 않게 하소서. 주님의 질책의 말씀이 나의 삶에 필요함을 깨닫게 하소서. 나를 지금의 자리에 보내신 이유를 간절히 구하게 하소서.

나를 부르신 주님, 아프고 날카롭지만 영의 양식이 되는 말씀을 통해 부르심에 합당한 준비를 하게 하시니 감사합니다. 신앙의 광야, 인생의 광야 가운데 심령이 회복되고 주님과 더욱 친밀한 교제를 나누게 하소서. 예수님의 이름으로 기도합니다. 아멘.

텅 빈 경건